水巷春雨图

创意江南

激发创意，

推进城市经济实现创新驱动、

转型发展。

厉无畏

2014.9.2.

创意江南
Chuangyijiangnan

历界江南十大创意策划师·十大创意策划经典案例人物

魏向东
江苏省旅游学会副会长
苏州大学非物质文化遗产研究中心副主任
苏州大学社会学院旅游系教授，主任
苏州大学旅游发展研究中心主任

用我们的心和智慧来塑造城。

史建华
高级工程师
高级策划师
英国皇家特许建造师
苏州市新沧浪房地产开发有限公司董事长

玩，是最好的策划源点。

张夷
教授
辛亥元老陈去病外孙
中国盆景艺术大师
中国十大著名策划专家之一
景观园艺（苏州）企业机构董事长

创新来源于实践，创新服务于实践。

朱利荣
中国农工民主党党员
苏州市科普促进中心主任
苏州市科普促进协会秘书长
苏州市友邦展览服务有限公司总经理

源流传统的当代景观建筑产业的践行者
与中国当代姑苏生活方式的倡导者。

冯晓东
香山工坊董事长
苏州民族建筑学会理事长
苏州市香山帮营造协会副会长
苏州市文化创意产业联合会副会长

为创意提供更多的表达。

倪燕文
中国优秀影视广告策划人
第二届江南十大策划师之一
常熟市东方文化发展有限公司创始人

什么创意？创意要创造生意。好的创意就像围棋，纵横十九路，一生二，二生三，三生万物，在空间和数量上不断产生变化。然后让钱追你，而不是你追钱。

吴严
国内知名商业空间设计师
首届江南十大策划师之一
苏州两个天堂创意策划传播有限公司董事长

人生就是一场大策划。

汤生
国际注册（A级）商业美术设计师
苏州远大广告设计有限公司创意总监
苏州苏图网运营总监
苏州市广告摄影专业委员会会长

创新策划是永远的生命力。

许兴林
中国策划研究院高级注册策划师
江南十大策划师之一
苏州市旅游度假区管委会副主任

始终为中国品牌的国际化不懈努力。

赵羽
国际注册(A级)商业美术设计师
国际设计联盟委员
中国高级策划师
中国包装设计委员会理事
苏州赵羽设计有限公司总经理

吴文化是中国文化中一个重要的部分，它的本质和精髓就是中国的文人文化，文人文化是中华民族的脊梁。

朱巍
高级经济师
书香酒店投资管理集团有限公司总经理
苏州胥城大厦有限公司执行董事

创意思维和创意行动才能够击活产业的规划、设计、创新的深度和广度空间发展。

蒋永生
曾任海南新兴装饰公司总经理
曾任深圳纳天形象设计公司总经理
曾任苏州塞奇工作室艺术总监
曾任中国策划研究院江南分院副院长
苏州工业园区塞奇影视文化有限公司艺术总监

策划是门艺术，旅游要有深度，智慧是第一生产力。以“全域旅游”的深度视角和理念，专业的人做专业的事，整合资源，创新驱动，动态协调，引领前沿，智慧聚焦，创意经典，落地执行。

刘勇
深度智谷旅游机构董事长、总裁

小打小闹的事情不做，讲究轰动效应；模仿别人的事情不做，追求不断创新；缺少文化内涵的事情不做，注重历史意义。

龚国钧
高级经济师
江苏亚细亚集团董事局主席

传承中国传统文化，倡导现代香雅生活。

朱海涛
香文化学者
中国香文化研究会副会长
张家港海马广告装潢艺术中心总经理

策划并不是单纯的“无中生有”和“天马行空”，策划更需要脚踏实地的实践研究和雄韬伟略。

俞伟华
中国策划研究院注册策划师
苏州策划协会会员、任副秘书长
苏州志高公共关系顾问有限公司总经理

好创意，有生命！

盛同辉
国家注册高级策划师
江苏天翔广告传媒有限公司董事长

所谓创意，就是观察面对的事物能片刻工夫就昭然若揭。那是因为善于将已有的经验联系在一起并整合出新的东西。而能做到这一点的原因是拥有更多的经验，或者相比于其他人，对自己的经历有过更多的思考。

唐志丞(海平)
高级策划师
中国民主促进会苏州市委员会会员
政协苏州市姑苏区委员
江苏名皇国际传媒有限公司董事长/总裁

将苏州传统文化和民族工艺，融合世博文化元素，为打造中国苏州尽自己的微薄之力。

饶天钢
当代艺术之窗董事长
苏州市企业家思维研究会副会长
苏州市平面设计师学会副秘书长

传承需要创新，没有创新就没有传承。

袁中平
苏州市高级工艺美术师
中国民间文艺家协会会员
江苏省工艺美术学会会员
中平澄泥堂高级工艺美术师

传承文化 创意未来。

王怡
华实广告中国有限公司董事长

如果说仿古青铜器的形似尚有达到的可能，那么仿古青铜器的乐器，并让它们发出优美迷人的原有音响，几乎是一项不可能完成的任务，这也成了失传千古的编钟调音之谜。而金海鸥完成了这个不可能的任务。

金海鸥
“中华和钟”主创人
苏州工艺美术大师
苏州首届民间工艺美术家
苏州干将坊营造艺术工程有限公司艺术总监

崇古而纳新，设计手法偏爱章法、解构和文学性，从生活美学角度思量、巧作、诙谐的表达设计理念，坚持用细节和人文关怀打动观者。

吴芝其
国际注册高级旅游策划师
景观园艺企业机构主任设计师

与众不同的设计理念就是创意。

冷赟玲
职业陶艺家
苏州太湖窑陶瓷有限公司总经理

给我一个愿望还你一片晴空。

潘宏宾
国家级SIYB讲师
苏州市友邦展览服务有限公司副总

化腐朽为神奇，给平凡插上想象的翅膀，这正是创意的精彩所在！

陈乐余
高级室内建筑师
米兰理工大学环境艺术设计管理硕士
CIIDA中意创新设计联合会理事
苏州旭智设计营造有限公司创意总监

创意江南

Chuangyijiangnan

历界江南十大创意策划师·十大创意策划经典案例人物

举大业者须知天地自然运行之道。

廉凯

苏州禾道创投股份董事长

不问为何机会不来，只问机会来时你准备好了没？

韩惊雷

创意产业策划师

苏州盘门景区旅游发展有限公司总经理

苏州东方水城旅游发展有限公司副总经理

回到原点，守住单纯。

王斌

苏州市文化广电新闻出版局文化产业处主任科员

曾任苏州市沧浪区团委副书记

南门街道办事处副书记

沧浪区教育文化体育局副局长

苏州市文化广电新闻出版局社会文化处副处长

苏州市策划协会副会长

以“主题创意”为核心理念，将媒体多元化的高科技互动技术与视觉手段带入空间设计领域，以跨界创意营造充满乐趣的主题体验空间。

毛小松

创捷传媒展览股份有限公司董事长

通过媒体的不断求索，架设官民“零距离”沟通桥梁。为转型中的中国苏州，为和谐社会，贡献电视人的力量！

徐蕾

曾任苏州广电总台《对话苏州》节目制片人、总撰稿和主持人

苏州广播电视总台新闻综合频道副总监

创意来源于生活。

王瑾

苏州赵羽设计有限公司副总经理

最好的创意理念来自结合当下现状的创作。

张志刚
中国摄影家协会会员

随意不刻意；应世不媚世；匠心不匠气。保留纯真本身，加以天然修饰。

蔡云娣
研究员级高级工艺美术师
江苏省工艺美术大师
非物质文化遗产传承人
堂号"石艺斋"

好的创意就如那大海中的冰山，那美妙风景之下是深厚的文化积淀和智慧的灵光一现。

王晓东
苏州市油画雕塑院执行院长
苏州雨村美术馆馆长
苏州市雕塑协会副会长

一分钟精彩的创意展现，源自万分钟丰厚的专业累积和灵感迸发的精彩瞬间！

邱智贤
智和有限公司董事長
黄埔军校同学后代联谊会会长
陆军军官学校史政顾问
央视CCTV7大型纪录片台儿庄1938顾问

以人为本，内容引领形式。

陶开俭
《姑苏晚报》主任编辑
中国新闻漫画研究会理事
苏州漫画学会会长
江苏省新闻漫画艺委会副主任委员

没有市场，就没有一切。

刘文征
易亚传媒有限公司创意总监

特定环境与特定文化创意特定建筑。

平家华
高级工程师
一级注册建筑师
苏州工业园区设计研究院股份有限公司
上海分院常务副总经理

水墨映周庄

创意江南

Chuangyijiangnan

主编 李芳

苏州市文化创意产业联合会
苏州市策划协会

苏州大学出版社
Soochow University Press

图书在版编目(CIP)数据

创意江南 / 李芳主编;苏州市文化创意产业联合会,苏州市策划协会编. —苏州:苏州大学出版社,2015.3
ISBN 978-7-5672-1265-7

Ⅰ.①创… Ⅱ.①李… ②苏… Ⅲ.①文化产业—产业发展—案例—研究—苏州市 Ⅳ.①G127.533

中国版本图书馆 CIP 数据核字(2015)第 055460 号

书　　名: 创意江南

编　　者: 苏州市文化创意产业联合会　苏州市策划协会
主　　编: 李　芳
责任编辑: 刘　海
装帧设计: 汤　生　吴　钰

出版发行: 苏州大学出版社(Soochow University Press)
出 品 人: 张建初
社　　址: 苏州市十梓街 1 号　邮编:215006
印　　刷: 苏州华方印务有限责任公司
E - mail : Liuwang@suda.edu.cn　　QQ:64826224
邮购热线: 0512-67480030
销售热线: 0512-65225020

开　　本: 889 mm×1 194 mm　印张:14.25　字数:251 千
版　　次: 2015 年 3 月第 1 版
印　　次: 2015 年 3 月第 1 次印刷
书　　号: ISBN 978-7-5672-1265-7
定　　价: 158.00 元

凡购本社图书发现印装错误,请与本社联系调换。服务热线:0512-65225020

《创意江南》编委会

序

苏州是国务院首批命名的国家历史文化名城，文化积淀极其丰富，同时也是一座千古传承、底蕴深厚的创意策划之城。从伍子胥的“相土尝水，象天法地”，到蒯祥的“香山帮”、计成的《园治》、文震亨的《长物志》，以及状元之城、书画之乡、昆曲之美、评弹之声、玉雕之精、刺绣之艺，无一不是苏州创意策划之先河，无一不是中华文化产业的发祥。改革开放30年来，苏州敢为人先，融合创新，努力塑造出了“古韵今风”“天堂苏州”的城市新形象。可以相信，在当今全球性的文化产业风起云涌之际，苏州必将又迎来新一轮的空前发展机遇，并尽显新的智慧、新的能量，创造出新的业绩和辉煌。

苏州市文化创意产业联合会和苏州市策划协会编辑出版的《创意江南》一书，汇集了苏州市近十年来创意策划领域的成功案例以及领军人物和优秀团队的管理理念、运作模式与成果经验，是对苏州文化创意产业发展进程的一个阶段性的回顾和总结，有着重要积极的促进和推广意义。三届“江南十大创意策划师、十大创意策划案”评选活动的成果汇集，当然不能反映苏州文化创意产业的全貌，甚至也未必体现了苏州文化创意产业的最高和最好水平，但“管中窥豹，略见一斑”，苏州文化创意产业的发展历程、发展轨迹、发展态势，以及行业人员积极进取的精神和价值取向，无疑已有了较为充分的记载和体现，对苏州文化创意产业的未来发展有着不可忽视的借鉴和指导意义，值得予以高度的肯定和赞赏。

苏州从事文化创意产业的每一位人士，肩负着传承发展苏州创意文化、推动苏州产业结构转型升级的历史责任。值此祝贺《创意江南》成功出版之际，我也衷心地祝愿苏州创意策划的队伍越来越壮大，创意策划人员的成果越来越多，努力为在新时期苏州社会经济文化的全面发展、为“迈上新台阶，建设新江苏”作出更卓越贡献！

苏州市人民政府副市长　王鸿声

目录

创意是一种信仰

Chuangyijiangnan

经典策划创意案例

Chuangyijiangnan

精英写真
Chuangyijiangnan

附录
Chuangyijiangnan

创意是一种信仰

Chuangyijiangnan

水巷寻梦

苏州设计 设计苏州

当我们对苏州文化中的遗存园林、昆曲、宋锦、古琴等引以为豪时，苏州的创意设计行业却正面临着前所未有的挑战。当下，苏州的城市化进程日益加快，苏州有了发达的经济，有了物质层面上的现代化，但创意设计却相对滞后。究其原因是，长期以来我们过分强调传统文化，而缺乏时代性的思考，所以本土设计师的灵感往往来源于传统文化，“新文化价值观”却不能完全树立起来。如今，我们应该把文化创意设计产业迅速扶正为城市转型升级能量的核心，努力寻找属于苏州现代生活美学与文化产业价值的设计力量。苏州需要本土文化，也需要包容多元文化，如日式的禅意、法式的浪漫、德式的理性等。我们这个社会急需用更开放的方式进行跨界混搭，解放思想，打开思路，融合出新的模式，新的途径，只有这样才能创造出现代生活所需要的东西。苏州从传统文化走向现代文化的“创意”呼声一路高涨，但能带给人们新价值趋向的产品屈指可数。要改变这一现状，苏州创意设计产业是否能勇敢地打碎传统元素，将之进行重新组合，创造新的设计，并提供崭新的视觉物体去演绎现代设计的灵魂就成为问题的关键。

改革开放30多年来，中国经济迅猛发展，许多地域应运崛起，苏州也是其中的一个聚焦点。然而，苏州在现代设计发展中还处在雏形阶段，一方面我们如饥似渴地传承传统文化，另一方面我们又想创新、求突破，但根深蒂固的传统理念稳如磐石，很难动摇，原创设计氛围远远不够，因此现代产品设计要通过创意来体现，还有很大的距离，还得强化引导。这次我有幸受邀担任创博会设计师原创作品邀请展的策展人，先后走访了上百位设计师（或工作室），总的来讲原创的新东西较少，目之所及大都是盲目复制、盲目设计，一味传统，缺乏创新。比如即使是我们一直引以为荣的苏州丝绸产品，也很难找到与之相结合的创新产品。而与此同时，外商却正在利用丝绸技术进行面料的不断改良和创新，所开发的丝绸产品与他们的设计概念一起呈现出新的风范。又如明式家具，当我们还在讨论如何来改良变化时，运用明式家具的理念设计制作的现代家具已经比比皆是。因此，审视我们的设计文化必须用新的灵魂去托起已有的非物质文化财富，让世界看到苏州设计在蝶变，设计苏州在拓展。当前，把创意的智慧转化成产业，是我们设计师面临的新课题，急需本土设计师用科技、文化、时尚的新眼光，以市场为导向，设计出一批在衣、食、住、行、游、购等诸多方面具有突破性的创意产品。近两年来苏州设计活动不断，设计师们在行动，在交流，在发展，政府也在花大气力对设计产业进行扶持，努力去缩

世博象棋

小与先进城市的设计水平之间的差距。这次“创博会”设计师原创作品邀请展参展作品的门类多、范围广，体现了政府的重视和社会的推动，也是苏州设计史上的第一次尝试与探索。这批与众不同的设计师坚持原创、执着设计也是他们对社会赋予责任的切实履行，值得赞扬。如：在国际上荣获大奖的著名动漫设计师谢显晖将有六部原创动漫片在苏州首次展示；著名产品设计师饶天刚一改千年不变的传统喝茶方式，设计了一批创新茶具产品，让人刮目相看；著名海归设计师钮方正以苏州水元素为原型设计的艺术玻璃砖，运用在高端建筑设施上玲珑剔透，在高端市场将会有很好的市场前景。再如设计师与企业合作项目宋锦系列作品《姑苏民居图》，创造性地在国内首次应用先进的电子提花织机设计符合传统宋锦织造工艺的各项技术参数，成功开创了宋锦织造生产技术的先河。上述这些案例都会对我们的设计师产生一定的影响。近 20 年来，苏州的设计潮起潮落，几度辉煌，几度低靡。参加此次邀请展的设计师们很明确“原创”的核心理念，也就是传承—转化—创新，因此大多数设计师都把自己的“灵魂”融进作品里。不少设计师有了自己的新立场、新观点、新手法、新目标，甚至融合了一些地域跨界文化，来为苏州设计增加顺应自然的元素。在这里值得一提的是对苏州明式家具进行大胆革新的多元设计师徐思方，他用“取其意而非其形”的概念，增加了苏州明式家具新的文化性与应用性，把苏州明式家具的理念又向前推进了一步。总之，40 多位设计师为我们这座城市的设计做了一次有益的贡献，他们已经绽放出苏州传统与现代设计的潜能，并将扮演越来越重要的角色，可以说，一股设计新势力正在形成。然而要完全突破传统，推动设计，开拓市场，依然任重而道远。我认为首先要形成苏州特有的设计氛围，对外要进行广泛的设计交流，对内则要举办更多的展览，并成立由政府扶持的设计组织，让更多的设计师提高综合素质，具备宽广深远的国际视野，参与到更大的城市规划设计之中。

真丝彩印《姑苏繁华图》长卷

今天，设计承载着城市发展的重大使命，我们所在的城市每天都要和世界上的其他不少城市进行竞争，比拼各自的优势，因此创新设计已经成为城市发展的必然要素，可以说现代城市的每一处都在用设计创造着价值，任何细节都有可能成为创新的突破口，因此我们的设计师要对生活抱有爱心，只有这样才能给每一个设计增添一份价值。设计一定是爱，爱亦是包容。我们不是为设计而设计，而是感悟吴地灵韵，寻找到苏州经济发展与苏州设计发展最好的交汇点与融合点。我相信有一天我们将带着苏州的原创设计产品，自豪地与世界对话，而这一天也就是我们转型升级成功之日。

这次邀请展包含了陶瓷、木雕、家具、砖雕、纺织、核雕画、动漫、贝雕、雕塑、刺绣、宋锦、叶画、装置、园艺、首饰、玉雕、漆雕、陶艺、影像、装饰、礼品以及工业设计等20多个门类。这只是从设计苏州发展历程中截取的一个缩影，虽然不能呈现设计苏州的全貌，但也足以让观众一睹苏州创意设计的成就。欢迎广大设计师、广大设计爱好者走进展会，提出宝贵建议。

（本文作者系汤生）

开拓旅游工艺品设计的新思路

一件珍贵的旅游工艺品可被旅游者长久保存甚至传世。但一般的旅游商品很难被称为真正的旅游工艺品，如一包香饼、一瓶酱菜等。当今旅游业发展迅猛，地区性旅游品牌不断涌现，作为旅游文化重要载体的旅游工艺品出现了新的变化，如北京故宫就开发了相当多的民族文化系列旅游工艺品，而且受到欢迎，这是一个好案例。但大多数旅游景区都遇到了相当大的开发瓶颈，主要原因是缺创意、缺设计，同质化产品泛滥，没有生命力，已经不能满足人们的消费需求。近年来各个旅游主管部门都在呼吁要挖掘创新旅游工艺品，但起色不大。究其原因，主要是方向不明确，产品老化，同时普遍缺乏专业的旅游工艺品设计人才。因此，如果设计师迅速介入的话会有相当大的设计生存空间与发展机遇，其市场前景非常广阔。现代旅游工艺品要求我们设计师站在品牌的、文化的、多元的以及营销的高度去研发设计，以满足不同年龄、不同层次消费者对不同价格、不同文化内涵旅游工艺品的需求。

今天，我们的知名旅游景区可能会做到几个亿的收益，然而旅游工艺品只能在其中做个小配角，所占比重极小，掩饰不住旅游工艺品停滞不前的尴尬局面。当前的旅游业开发已经进入多元化时代，旅游延伸品设计应该来一场革命性的变化，首先各阶层要充分重视旅游工艺品的作用，开展各个层次的设计比赛活动，提供综合设计服务平台，让设计师们有更多的学习交流机会，提升设计师们的新认识、新观念，促进他们打破老框框往前走，改变那种“扇子满天飞，丝巾满城有，瓶罐叫卖声”的通病。

如果设计师要设计一件成功的旅游工艺品，首先就要分析旅游商品的文化特点与属性，分清旅游工艺品的一般规律以及特殊性，产品必须有纪念价值、工艺价值、功能价值、文化价值，同时还要让旅游者方便携带。另外，开发产品一定要强调本土文化与现代工艺的完美融合，使它可复制、可产业化。这样才能让更多的旅游者在享受到旅游资源的同时，也能带着具有旅游地特色的文化产品馈赠给周边的朋友、同事和亲戚，一起分享旅游工艺品的乐趣与价值，从而拓展景区的影响力，同时还可以对提升品牌建设起到积极的宣传效果。

旅游工艺品与收藏工艺品不同，它的内容范围很广，纪念意义很强。归纳起来，旅游工艺品的创意设计主要围绕五个方面：造型的设计；图案的设计；功能的设计；材质的设计；包装的设计；广告的设计。

如果一件旅游工艺品体现了以上特点，应该讲就是一件好商品，当然还要考虑成本、价格以及市场营销，才能把它推销出去。现代旅游产品主要可从

衣、食、住、行、游、娱、赏等角度去开发，在充分体现地方文化的同时，要强调科技、时尚、品质，要尽可能让商品成为应用品、欣赏品、装饰品等。当前全社会都在讲“创意产业”，而旅游工艺品应该是最大的文化创意产业之一，随着旅游消费水平的不断提高，购买旅游工艺品在旅游活动中所占的比重会越来越大，是新的经济增长点，因此我们要整合资源，特别要增进国际旅游产品的交流，开展更多的旅游设计活动，培养更多的优秀旅游品设计师，规范设计市场促进其科学发展，从而让旅游工艺品有更多的吸引力与购买力。

具体而言，设计师可从六大分类来考虑产品的发展：

1. 传统类：充分利用传统非物质文化遗存来转化创新，如刺绣、宋锦、缂丝等，重组跨界设计。

2. 装饰类：充分利用传统习俗使之与现代生活相融合，具体主要应用在建筑、家居、形象物等方面，在应用装饰领域则更为广泛。

3. 现代类：充分利用艺术家的作品，如雕塑、书画等，追求形式，大胆变化，让艺术延伸品进入更多家庭。

4. 文化类：充分利用诗词、名人谚语、名人形象、历史典故、地方文化元素、佛教文化等，既寓教于乐，又提升旅游工艺品的文化价值。

5. 科技类：充分利用现代科技日新月异的成果，将之融入旅游工艺品，注入现代工艺及科学技术，如声、光、电等特技效果，使之适合更多游客的购买需求。

6. 人文类：充分利用游客随身所使用的各种功能产品，注入大量文化元素及工艺技术，如服装、书本、食品、小电器、文化用品等，要不断扬弃旧的设计理念，倡导现代绿色生活精神。

总之，旅游工艺品的设计要赋予文化灵魂，不能追求“一哄而上，你有我有”。要尽可能鼓励“建所未见”的超凡创造力，并始终坚持以“本土文化来延伸旅游工艺品的发展思路”，走原创，走设计，走文化，开启旅游工艺品的新未来。

当今旅游工艺品的发展首先要解决创意设计严重滞后的问题；另外，还要建立品牌连锁营销的理念。为此，政府要加大扶持力度，推出一系列促进旅游工艺品设计发展的奖励制度，有关协会要不断举办权威性的年展及比赛，提升原创设计的价值，保护原创设计的知识产权，这样我们的旅游工艺品一定能快速健康发展。

（本文作者系汤生）

另眼看苏州：策展『创博会原创设计展』有感

苏州的设计深受传统文化的影响，本土设计师骨子里就埋藏着小桥流水人家、粉墙青石黛瓦的元素基因，设计作品中苏州文化的灵魂与精韵若隐若现。许多非物质文化遗产是人们日常生活中不可缺失的精神食粮。说来也难以置信，长久以来老百姓生活中使用的、观赏的、送人的物品乃至艺术品，几乎件件有迹可查，而新的东西却很少。所以说，创新一直被边缘化了。

回忆苏州近十年设计行业潮起潮落的发展历程，有时在交错，有时在唤醒，但能突破传统的案例很少。新世纪初，苏州的设计师队伍在市工商局领导下，由著名设计师袁维青教授发起，创办了苏州平面设计师学会。学会在十年的历程中迅速成长，期间举办了十几项有影响力的城市设计展，但我们仍感到力不从心。大家都觉得，我们在设计到产业的路上走得还远远不够。

近几年来，苏州人不断接受着新观念、新思潮的冲击，也打动了我们原有生活的平静，让我们“在继承中求创新”的思想日趋活跃。那些约定俗成的遗存已不能使人们满足，有的东西已经跟不上文明飞奔的脚步。在我们还未来得及完全形成新的审美意识之前，我们周边的“创意”呼声已经步步紧逼，原创设计已成为设计师的社会责任。

2012 年适逢最大的机遇——首届“中国苏州文化创意设计产业交易博览会”举办，此次活动以“城市 · 文化 · 设计”为主题，我有幸受组委会的聘请，筹备“创博会设计师原创设计作品邀请展”，展览要求体现“从文化到设计，从设计到产品”的理念。如何吸取传统精神性的养料，将其转换为今天的设计源泉？如何使具有应用价值的设计产品走上产业化的道路，让它们进入人们的生活？这些都需要我们在策展中认真对待，多方位思考。

今天我们最困难的现实情况是产品开发设计或工艺品开发设计的观念较落后，“苏工制作”虽然响当当，但苏州设计面临着从容转身的考验，急需我们有识之士发挥创造性智慧，同时要整合各方资源，用包容性和开放性来吸取国内外先进理念，在传承中创新，在沿袭中前进。另外，政府还需加大扶持设计行业的力度，并发现各类创意设计人才，解决设计行业的一系列迫切问题，如恶性低价位竞争，原创设计不看好，抄袭现象较多等。

这次邀请展就是面对这些情况，承载着新的使命、新的要求应运而生的，它要求我们的所有参展设计师要更深入感知文化，洞悉元素精髓，同时换一个角度，换一种眼光，以一种创新者的姿态将设计概念与文化艺术巧妙地嫁接，呈现原创，呈现创新，呈现产品，呈现产业，将传统工艺融合到现代设计中，让

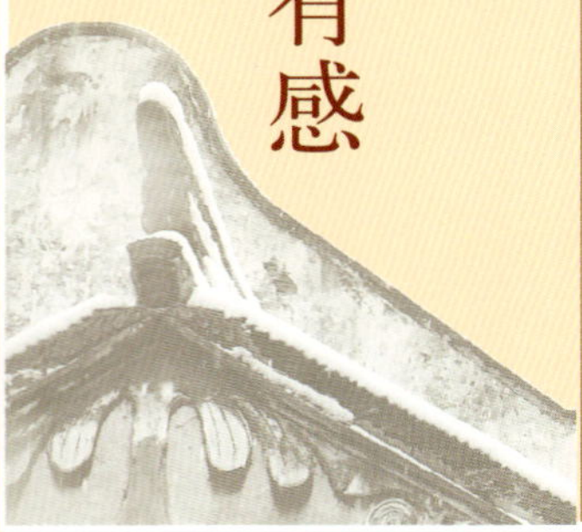

现代文化融合到商业价值中去，以此来激发创意的心灵、创意的智慧、创意的力量、创意的精神，从而看到另眼的苏州。

经过近两个月的筹划准备，目前已有几十位设计师受邀加入，参展作品的种类大致包括刺绣、装置、雕塑、木雕、宋锦、动漫、家居、环境、陶瓷、纺织、盆景、创意礼品、当代艺术等。有的设计师为这次展览进行了专门的创作；有的设计师抛开了繁忙的工作精心进行准备；还有的设计师虽然在世界上已获奖，但在苏州却还是首次露面——这些体现设计核心价值观、出手不凡的作品一定能给大家带来启迪。通过邀请展的一缕阳光，让创意的热情像春天的柳丝一样苏醒、生发。这次我们通过跨界的渠道及多方推荐，收集了各类设计作品，进行原创设计展览，这只是初步的思考与尝试，也算一次实验吧！目的是让更多的优秀设计师带着自己的作品参与到原创的设计生活之中，这样我们的创意产业才能多角度地发展进步；也才能把我们的城市逐步提升到全国创意设计先进之列。

（本文作者系汤生）

扬弃、变革、创新：苏绣艺术的保护与传承之道

苏绣已有2500年历史，是民族文化和传统艺术的瑰宝，延承迄今，历久不衰。但是，苏绣的保护与传承，绝不能是简单的复制，要让苏绣在当今时代继续出彩，就必须赋予它新的发展动力，必须去探索研究它的发展之道。经过对苏绣艺术将近30年的探索、实践和积累，我认为扬弃、变革、创新才是苏绣艺术的保护与传承之道。

苏绣艺术和苏绣产业，相辅相成，但又必须分开探讨。苏绣产业是经济学和社会学范畴的命题，而苏绣艺术则必须考虑其独特的艺术和人文内涵。越是民族的就越是世界的，只有保持本民族的特性，才能特立于其他民族、其他国家。在全球化的背景下，不少文化和艺术都或多或少地打上了西化的烙印。因此，苏绣艺术的保护和传承，必须将传统的苏绣技艺赋予原创性、时代性、艺术性、唯一性和国际性的内涵，只有这样才能让我们的民族瑰宝真正出彩。

一、合理扬弃——推动苏绣艺术的原创发展之路

“扬弃”是黑格尔解释发展过程的基本概念之一。他认为，在事物的发展过程中，每一阶段对于前一阶段来说都是一种否定，但又不是单纯的否定或完全抛弃，而是否定中包含着肯定，从而使发展过程体现出对旧质既有抛弃又有保存的性质。对于苏绣艺术的保护和传承，必须做到合理的扬弃，肯定和发扬传统苏绣中精粹的方面，比如精妙的刺绣针法、严谨务实的创作态度等，同时要舍弃和打破传统苏绣中陈旧的方面，比如临摹复制的创作思维，题材类型的单一性和同质化等问题。只有这样，我们才能更好地保护传承苏绣艺术，同时推动它与时俱进地发展和进步。

当前苏绣艺术的发展中，最欠缺的方面，莫过于苏绣的原创思维理念，最薄弱的环节，正是刺绣稿件的原创设计。因此我们更应该大力推动刺绣的原创发展道路。在这一方面，我也做了一些努力和尝试，希望能以此切实地践行苏绣艺术的原创之路，身体力行地推动苏绣艺术的原创发展。

2014年，为了推动中国工艺美术的发展和创新，清华大学美术学院开办了首届全国艺术理论与工艺美术创作高级研修班，中国刺绣也名列其中。清华美院邀我做导师，开办了姚建萍中国刺绣高研班，我们首届高研班的教学目标就是：培养出“能绣懂画”与“能画懂绣”的中国刺绣新一代复合型人才，成就有志者从“匠”变“师”的奋斗历程，使中国刺绣人才辈出，辉煌发展。

在清华美院的导师公开课上，我的课件题目是：绣出时代新光彩——论中国刺绣的传承和创新。通过结合自己多年苏绣艺术生涯的经验和感悟，我为

高研班的学员们讲述了刺绣艺术原创的重要性，并表示，希望他们能够逐渐培养刺绣艺术的原创理念和原创思维，突破当下苏绣的同质化和局限性，领悟刺绣自身独特的语言，真正走苏绣的原创之路，因为只有这样才是对苏绣艺术最好的保护和传承。

2014年南京青奥会开幕前夕，国家主席习近平的夫人彭丽媛女士和各国贵宾来到南京博物院，参观体验了我的苏绣艺术。参观期间，彭丽媛女士和各国贵宾一起观看了我为庆祝新中国成立六十年所绣制的原创苏绣巨作《江山如此多娇》，以及演绎刺绣独特语言的原创苏绣作品《花韵系列》等。最后，彭丽媛女士饶有兴致地坐在我未完成的苏绣作品《丝绸之路》前，在我的指导下尝试了绣制技艺。当她得知这些作品都属于原创作品的时候，对我大加赞赏，并且鼓励我一定要坚持走苏绣的原创道路，鼓励我们刺绣工作者必须抓好原创的工作。彭丽媛女士的鼓励让我深受感动，也坚定了我走原创道路的决心，我深刻地体悟到：作为一名苏绣工作者，在进行创作时，只有思考当代的时代特色，对苏绣经过分析和解剖、沉淀和表达，并且融入对社会和时代的思考，才能成长为真正的苏绣艺术家。

当今的中国刺绣行业内，在评选职称时，都会把考察参评刺绣工作者的原创理念和作品作为必要条件，可见国家正在积极引导和发展中国刺绣艺术的原创道路，而这也是当代刺绣艺术家的责任和义务。

二、锐意变革——进一步提高苏绣的社会影响力

保护与传承苏绣艺术需要进一步提高苏绣的社会影响力，不遗余力地去推动当代苏绣艺术的传播和发展，这样才能把当代最好的苏绣变成具有巨大社会影响力的民族艺术，让它能够在重要的场所、重大的场合展现自身的魅力，从而奠定它作为民族艺术精粹的社会和历史地位。

多年来，在提高苏绣的社会影响力方面我也做了一些努力，并积累了一定的经验，可以简单概括为："推动苏绣飞天揽月，推动苏绣走进殿堂。"

2004年，我领衔创作的苏绣长卷《我爱中华》搭载卫星顺利升空，这是艺术史上首个飞天的刺绣艺术品。2009年，我的苏绣作品钱学森肖像《思源·致远》搭载神舟八号遨游太空，见证了"神舟八号"与"天宫一号"的对接。苏绣的这两次"飞天揽月"从一定程度上增强了苏绣艺术的社会影响力，促进了苏绣艺术及其文化的传播，从而让更多的人领略和了解了苏绣艺术的独特魅力。

与此同时，我还积极推动苏绣艺术品走进殿堂。迄今为止，我领衔创作的大型苏绣《春早江南》被北京人民大会堂收藏，大型苏绣《海纳百川》被中南海收藏，苏绣《英国女王》由英国白金汉宫收藏，大型苏绣《江山如此多娇》由南京博物院永久收藏，大型苏绣《和谐——百年奥运中华圆梦》由北京奥运博物馆永久收藏。这些苏绣作品被国内外的艺术殿堂收藏后，苏绣艺术的影响力慢慢得以彰显，而这样一来，我们在苏绣艺术的传承和保护方面也将会得到更多的关注和支持。

此外，我还长期致力于苏绣艺术的国际传承和推广，希望能以此来加强国际艺术交流，加快苏绣艺术的国际化步伐。1998 年至今，我先后带着苏绣作品走进奥运，走进世博，走进白金汉宫，走进香榭丽舍大街巴黎秋季艺术沙龙，走进联合国教科文组织总部等，向世界传播和弘扬中国优秀文化；同时，我还积极走进国内外高校，如北京大学、牛津大学等，倡导和培养青年人对中国苏绣艺术和中国传统文化的了解和热爱。

三、勇于创新——探索苏绣艺术与金融资本市场的结合之路

作为国家非物质文化遗产，苏绣具有非同寻常的文化意义与社会影响力，保护与传承苏绣艺术，不仅要在苏绣创作方面的创新，也需要在艺术的发展模式方面进行创新，因此，苏绣艺术与金融结合，进入资本市场，是传统行业的新型发展模式，对保护和传承苏绣艺术具有巨大的帮助。

2014 年 9 月，我领衔创作的大型苏绣《和谐盛世》在香港中国文交所挂牌上市，发售价格为 6500 万港币，为目前中国苏绣作品的最高发售价，这是一次比较成功的苏绣艺术与金融资本结合的尝试。我认为，要探索苏绣艺术与金融的结合从而使之进入资本市场，必须注意以下几个方面：

1. 加强对金融、资本市场的学习、理解和把握。了解艺术与资本、金融的基本概念，理顺三者之间的关系，理清艺术金融的发展模式和发展方向。

2. 在艺术与金融或资本市场进行结合的时候，一定要加强人才建设和团队建设，一定要有专业的人才团队来进行整体的把控和运作。

3. 苏绣艺术家要能够真正深入市场去研究、分析、总结，切实了解资本市场需要的是什么艺术作品，要接受金融资本市场的检验，因为只有获得资本市场的认可，才能更好地推动苏绣艺术的保护、传承与发展。

苏绣艺术是中华民族的瑰宝，保护与传承苏绣艺术是所有苏绣艺术工作者的责任和义务，只要我们能做到合理扬弃、锐意变革、勇于创新，就一定能让苏绣艺术绽放出更加美丽的光彩，成为国际艺术殿堂里最灿烂的一颗明星。

（本文作者系姚建萍）

创博会：推动苏州创意产业的新动力

古城苏州，是吴文化的发祥地。这座东方水城历史悠久，传统文化产业众多且发达，其中蕴藏着东方文化的根基与精髓，如今又是现代东西方文化的交汇点与融合点。我们有幸共同感受人文十足的苏州为我们后人留下的丰厚历史文化圣典。在这样的历史文化背景下，在苏州举办“中国（苏州）文化创意设计产业交易博览会”，我认为是推动苏州创意产业实效发展的一次极好机遇。具有2500年历史的文化名城苏州是一座创意设计之都，她拥有9座世界文化遗产园林，以及众多的世界非物质文化遗产，可以讲苏州人的衣、食、住、行、玩、购等很多方面都有自己独有的地方文化特色，以“苏”字开头的响亮品牌，诸如苏绣、苏扇、苏式家具、苏州园林等都渗透着苏州人的文化创意基因并名闻全国——明清时期，“苏式”已在全国范围内成为时尚和潮流的代名词。但近代苏州文化注重的更多是挖掘与传承，至于转化创新的能量，还是较为薄弱。目前苏州正在进行转型升级的过程中，我们发现苏州的设计平台还略显狭窄，能利用的创新资源过少，更缺乏富有国际化理念及多元创新能力的综合创意人才。

苏州有句口号叫作“从苏州制造到苏州创造”，而创造的核心便是创意。有了无限的想象，那就有了创新设计的巨大空间。我记得，苏州在改革开放初期的一些工业品牌、工业设计，在当时已成为苏州文化品牌的一部分，如长城电扇、春花吸尘器、孔雀电视机、香雪海电冰箱等；近十年来，苏州市广告协会、平面设计师学会创办的“苏州印象”城市设计展，已连续三届成为海内外专业人士所熟知与认可的文化设计品牌，也成了苏州文化一道原汁原味的大餐。但我们都远离而去。又如，苏州传统工艺品占到中国旅游工艺品的半壁江山，但我们近几年来在围绕原创旅游商品的开发设计上几乎是空白。这些都是我们城市创新发展需要继续努力或加强的。这次创博会是苏州市政府高瞻远瞩贯彻中央提出的“建设文化强国”宏伟目标，把“十二五”规划提出的“建立健全公共文化服务体系”，“推动文化产业成为国民经济支柱性产业的目标”落到实处的重要举措。近两年来“苏州创意”已是热门话题，关于创意产业扶持的政策不断推出，但立足创新求突破发展的势力还未完全形成，在城市文化产业模式从由传统型转化为现代型的过程中还需深刻理解苏州创意产业的实质，正确探索“苏州创意”模式的方向。这次创博会为我们提供了一座互相交流、探讨、合作的桥梁，是苏州文化产业实现经济增长的重要动能，也是苏州文化走出国门、迈向世界之契机。

通过这次活动我们要理清创意产业的概念，其中就应该使它涵盖如设计、规划、策划、建筑、室内装潢、音乐、动漫、环保、园林、金融等诸多更广泛的领域。发展文化创意产业的核心战略有两点，第一是要通过创造性思维不断迸发出新的概念，生产出创新产品；第二是需要建立与之相配套的行销策略，让开发的新产品能得到效益最大化，充分实现其经济价值。这次活动通过政府文化产业专项资金投入来协助从业者在研发、生产、人才、通路、营销等方面发展，将其看作最大的发展机遇，也是“苏州创意”在引领新时代创意大潮、整合全中国创意智慧的重要策略。作为创意产业发展前景的出发点和着力点，此次文创会要办成一届既是中国的又是世界的创博会，要成为关注苏州创意设计的焦点。现在我们要做的事情还有很多很多，首先我们通过筹备创博会强化创意设计导向，构筑文化交流碰撞的平台，推动创意人才集聚，形成多元化创新体系，调动所有可利用的设计力量，特别要扶持“苏州设计新力量”。另外，作为一次“中国级”的盛会，这次活动将推动苏州文化创意产业做大做强，以更专业、更成熟、更包容的姿态来打造苏州创意产业；同时激发出苏州设计师特有的情怀与灵性，创造出属于苏州自己生活美学与文化价值的各种文化产品。对此，我们呼吁成立苏州文化基金会、苏州设计产权交易中心等，并拓展更多的文化融资渠道，以此坚持不懈地延伸创意产业，最终使之与国际接轨、与世界并行。

苏州传统文化是文化创意产业设计师赖以生存的软环境之一，其丰富深厚的内涵是我们进行创意、创新、再创造活动取之不尽的源泉，用世界先进的创意概念与现代的形式和手段，如多媒体、网络系统、3D 空间、现代视觉等来重新解读传统精髓，是我们设计师“上下而求索”的重要发展方向。

我们苏州市平面设计师学会在市广告协会的指导下对全市的大学生要进行充分宣传，为更多年轻人提供一个难得的学习舞台。另外，要积极动员全国各著名院校更多富有原创精神的青年学生来苏州，来会展，来比赛，全力与苏州大学艺术学院合作办好“中国大学生文化创意设计大赛”。有朋自远方来，不亦乐乎？

（本文作者系汤生）

以园为媒 整合资源：江南文化创意设计产业园建设的思考与实践

前 言

20 世纪 80 年代中期，在苏州古城区的产业结构由以制造业为主向以服务业为主转移的浪潮推动下，大批工业企业退出了古城区，原有的厂区，一部分被开发成住宅小区或城市商务综合体，一部分闲置。90 年代全国各地兴起了开发区和产业园建设狂潮，一夜之间各种类型的产业园全面开花。受发展经济“短平快”思路的影响，产业园的建设粗放发展，把本应是“高大上”的产业做成了以物业为载体、以房屋租金为主要收入的屌丝“物业园”，失去了产业园应有的价值与作用，更有甚者“挂羊头卖狗肉”，彻底毁了产业园的形象。江南文化创意产业园的前身是一家除了几间没有设备的旧厂房以外什么都没有的、失去产品、亏损严重、资不抵债、濒临破产的小型国有企业。将其改造成文化创意产业园，实际上是废物利用的无奈之举。我们在江南文化创意产业园建设过程中依靠“比对手超前半步”的创意策划理念，凭借创意策划迈过了几道坎，少走了一些弯路。从 2010 年 12 月份正式成立，到 2013 年，短短 3 年时间江南文化创意产业园就获得了苏州市级产业示范基地、苏州市姑苏区产业示范基地等荣誉称号。产业园的产值从 2010 年的 6.8 亿元上升到 2012 年的 16.1 亿元；利润从 2010 年的 4420 万元上升到 2012 年的 9096 万元；税收由 2010 年的 2352 万元上升到 2012 年的 6287 万元——每年均实现了大幅的增长。从业人员从 2010 年的 480 人上升到 2012 年的 968 人。文化类企业入驻集聚度由 2010 年的 60% 上升到 2012 年的 82%。

一、正确的策划，源自对“产业园”的正确解读

社会上许多人认为，产业园就是出租房屋的地方，而大多数产业园建设方的运作方式也停留在建好房子、搞好招租的“房东经济”层面上，其实这是对产业园的误解与误读。产业园实际的概念应该是：产业 + 园区。首先要有一个主体产业，并形成集聚效应，其次要构建相互配套的产业链。因此，在策划将旧厂区改造成文化创意设计产业园时，我们就把文化创意产业确定为主体产业，只吸纳符合文化创意内涵的项目入驻。2010 年，江南文化创意产业园正式成立，成为苏州市第一家以公装设计为主体的文化创意设计产业园。目前，已入住文化创意设计企业多家，形成了文化创意产业的集聚“园区”。

二、提出“以园为媒”的创意，促进园内资源融合

目前，大多数产业园建成后，建设方仅以物业管理为主要工作，并不在意园内资源的整合利用，更不注重为入驻企业构建营销服务的平台，把产业园办

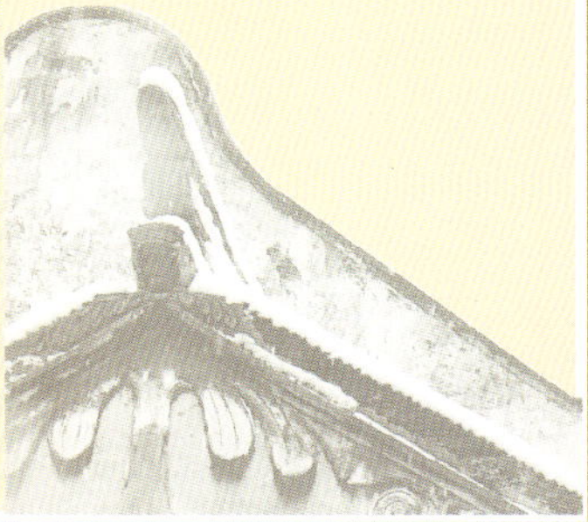

成了“物业园”。江南文化创意产业园则提出了“以园为媒、整合资源”的创意，根据入驻企业的需求，建立起公共服务平台。一是通过平台为入驻企业提供各种保障工作。比如：成立产业园的公共服务中心、餐饮中心、金融中心、法律咨询中心、对外联络中心、后勤保障中心、活动中心、展示中心等平台，使入驻企业降低运营成本，轻装上阵，同时让入驻企业产生“园区是我家”的感觉，愿意常驻。二是通过平台促进企业间的自然渗透，逐步完善产业链。比如：平台会公布入驻企业的主要业务方向，会帮助入驻企业进行业务推介，寻找一些与其配套的上下游企业，实现同类聚合，促进企业间业务的相互渗透融合。

三、策划把企业攥成拳，既能取暖又能拼搏

建设“产业园”的目的，是将一批相同或相通的企业集聚成团，在市场萎缩时，能抱团取暖，共渡难关；在市场机遇来临时，能优势互补、团结拼搏。江南文化创意产业园策划建立了一套产业园管理层面上的相对独立机制，把园外项目策划、园内企业产品销售和售后服务、企业财务管理等全部交由园内企业完成。根据不同行业的特点、特性和市场需求进行专项策划，专门服务。这个载体就是园内企业的“上帝”，它也把园内各企业的利益紧紧地捆绑在一起，把单体利益整合成整体利益，把如同长短不一的手指的单个企业攥紧成为凝聚力量的拳头，这样既能抱团取暖，又能聚力拼搏。

四、创意创造品牌，1 +1 >2

产业园也必须有自己的品牌。一个品牌产业园，会提升产业园与入驻企业的相互依存度，有了品牌，入园企业就会长久留驻，外边企业就会争相涌入，实现 1 +1 >2 的双赢局面。产业园的一切策划创意活动都须在产业园的品牌创立展开。决不能圈地即为园，必须预先策划好产业园的建设目标以及实现该目标的路径。江南文化创意产业园成功策划的关键在于：

1. 找准市场，找对企业。充分考虑实现行业聚合的可能性，以及进行整合措施的可操作性，避免好大喜功和急功近利。

2. 依托市场，依托企业。产业园的发展靠的是园内企业的发展，必须建立企业需要的载体，不求面面俱到，只求实用高效。

3. 策划创意，创造生意。策划必须为企业实现营销突破而为之，创意必须为企业创造生意而思之，切不可哗众取宠，华而不实。

以上所做的一切均是为了促进产业园目标的实现，实现突破。

（本文作者系杨崇民）

浅议科普活动项目策划的要素研究

引　言

科普活动策划是围绕达到科普主题活动的目标而采取一系列活动的策略的筹划、谋划或者计划，在充分调查主题科普活动市场需求以及相关联的环境的基础之上，遵循一定的方法或规则对未来即将发生的事情，进行系统、周密、科学的预测并制定科学的可行性的策划方案，同时在科普活动发展过程中不断地调整以适应环境的变化，从而制定切合实际情况的科学的科普活动方案。

多年来科普活动的组织经验证明：成功的科普活动离不开事先高水平的策划，而高水平策划的成功实现则离不开活动主办单位的支持以及专门机构和专业人员的参与和配合。因此，在进行科普主题活动策划时，除了满足主题活动要求之外，还须考虑其活动的定位、活动方案的优化、时间的安排和预算、活动的组织、社会各层面参与和科普活动总结评估等六大要素来策划，以达到科普活动普遍受欢迎、深得人心、高效运行和效能最大化之目的。

一、科普活动定位

在策划科普活动之前，首先要对科普活动进行项目定位，根据科普活动的主题内容及特征要求，调查分析市场需求和本次活动目标人群，提出科普活动的受众、知识点普及和最佳活动效果的准确定位。在满足主办单位目标外，科普活动定位还应该考虑“三个结合”，即：科普活动应结合实际情况因地制宜；结合时事状况因势利导；结合社会需求因材施教。

（一）结合实际情况因地制宜

科普活动是面向社会公众的群众性活动，每个活动的主题一定要结合当地群众的实际需求情况来策划、组织和实施，假如科普活动脱离了实际受众需求、不因地制宜组织，那么这项活动就脱离受众、就不会受到欢迎，更谈不上科普活动效果和公众参与，因此，受众需求一定要考虑实际需求。

例如青少年科普活动，主要是面向青少年进行科技知识、科学思想、科学方法教育的普及性活动。在策划和组织科普活动时，充分考虑青少年实际情况，因地制宜开发和组织青少年科普活动，可以有效地补充学校教育的不足，将课堂教学与课外活动有机地结合起来。它对于提高青少年的科学素养，激发青少年的自我学习兴趣，开发创造性思维，完善知识结构，锻炼实践动手能力，培养正确的情感、态度、价值观等都具有重要的意义。

（二）结合时事状况因势利导

在新闻媒介高度发达、信息传播渠道多元通畅、传递速度实时快捷的今天，科普活动的策划、组织和实施一定要与时俱进。国家的时事政策、国内外重大科技成果和影响公众的公共科学事件等，其科普教育的内容根据时事发展状况而不断丰富并推陈出新，已经成为每位科普工作者紧跟时代脉搏义不容辞的职责。策划此类科普活动，在形式上应不断创新，在内容上因材施教、在方法上因陋就简、在组织实施上因势利导。

例如策划我国政府以科学发展观为指导，把坚持节约资源和保护环境列入基本国策的宣传活动。我们应该结合国家政策，因势利导，以加强全民节能减排宣传、发展循环经济、建设节约型社会为主题开展各类科普活动，组织好每年一度的全国节能节水宣传周及与此有关的世界环境日、地球日、水宣传日活动，把节约资源和保护环境理念渗透到社会各层面中去。

（三）结合社会需求因材施教

科学技术普及是把科学知识、科学思想、科学方法、科学精神以人为本地、有效地传输给广大公众，并被公众所理解、掌握、应用，以不断提高科学素质的一项社会公益性事业。科普活动离不开社会需求，社会的发展同样离不开科普工作，科普事业的发展迫切需要全社会的支持和参与。因此，抓住社会公众热点，结合社会需求、因材施教是科普工作面向社会的重要切入点，一旦抓住，其效果将达到事半功倍、一举多赢的局面。

例如，2010 年初电影《阿凡达》的热播在社会上引起了强烈反响，我们可因势利导结合社会所关心的热点问题，邀请有关专家进行有关《阿凡达》几大科普问题的释疑。再如：随着全球气候变暖，低碳消费、健康环保的低碳生活理念越来越为人们所重视。春节是人们大规模集中消费的时期，在这个时候提倡低碳生活，能让人们更加直观地感受到在生活和消费习惯上的点滴行动将带来巨大的改变。“低碳春节”不仅是一种时尚，更是一种道德的选择，一种负责任的生活态度。

二、科普活动方案的优化

（一）活动策划和设计原则

科普活动方案的策划，在明确其活动定位后，接下来就必须对科普主题活动方案的构思确定初步活动方案，即先对参与活动形式的多样性、活动实施的适宜性、活动组织的广泛性、活动对象的代表性、活动内容表达的知识性和趣味性以及活动受众的互动性等方面进行评估分析，然后进行科普活动的方案设计。

科普活动方案的设计原则应考虑五大要素：一是精心设计活动标题；二是科学确定活动目的；三是注重创新活动形式；四是合理安排活动程序与经费控制；五是注重活动实效和后续效应。

（二）科普活动方案的内容

科普活动方案的内容设计应包括活动背景、活动主题、活动目的、活动对象、活动内容、活动组织方法和实施步骤、活动时间和场地、活动准备材料和器材、活动经费预算、活动评估总结和后续活动递延等内容。除此之外，科普活动方案的项目内容还需要对方案的组织和实施进行可行性和可操作性评估；要充分了解组织机构的真实意愿和一般受众求知需求，若发现偏离主题则马上修正。

（三）科普活动方案的优化选择

科普活动方案的内容设计完成后应组织主办单位有关领导、主创人员、有关科普专家等对科普活动方案进行可操作性、可行性比较，最终选出的最佳方案交承办单位组织实施。

科普活动方案的优化选择采用态势分析法（SWOT 分析法），通过对科普活动的优势因素（Strengths）、弱点因素（Weaknesses）、机会因素（Opportunities）和威胁因素（Threats）调查罗列出来，并依照一定的次序按矩阵形式排列起来，运用系统分析的综合分析方法，将考虑的各种环境因素相互匹配起来加以排列组合，从中得出一系列相应的结论，最终确定最佳方案的选择。

三、科普活动时间与预算

（一）活动时间把握

在策划科普活动的启动时间时，原则上确定时间宜早不宜迟，特色活动最好提前半年或三个月。科普活动时间还应考虑到科普主题活动与社会需求相融合。因此，在确定科普活动的推出时间时应把握以下几个要点：一是结合国内外重大节事活动的时间推出；二是结合国内外所发生的重大科学项目或突发科学事件的时间推出；三是结合公众普遍关注社会热点、政府倡导或公众身边迫切需求科学和健康的生活方式而推出；四是在当地政府实施重大公共项目需要公众参与时推出；五是结合我国特定的“科普宣传周”“全国科普活动日”的时间推出；六是结合当地政府和主办单位相关机构对主题科普活动要求的时间推出等。

（二）活动资金预算

然而，再好的策划，再佳的时机，如果没有项目活动资金的保障是无法实现的，有了项目活动资金就应该做好完整准确的规划预算，如果规划预算不做好，届时科普活动难于启动，组织工作难于落到实处，工作人员也无法到位，必定影响整体活动的效果。因此，一旦项目预算资金确定后应该严格按照预算的要求，专款专用，严格管理，切实发挥预算资金的重要作用。

（三）活动市场运作

一个优秀的科普活动的策划不会忽视项目市场运作，因为这也体现了科普工作者的活动策划能力和水平。为此，在方案策划时一定要考虑细分市场需求，首先要积极争取政府层面的投入，其次是要积极探索市场运作模式，充分发挥科普活动项目的市场优势，按社会需求整合项目资源、优势互补，利用大众化科普宣传效应，营造社会各层面参与氛围，努力扩大社会对科普活动的投入，尤其是活动项目要与宣传高新技术企业、高科技产品、科技先进单位相结合，吸引更多的企事业单位和有关部门共同参与，这样既增加了科普活动宣传的亮点，又减少了活动项目的资金投入，从而实现了多赢。

四、科普活动的组织

（一）实施方案领导小组

科普活动方案的组织实施是策划成功的重要保证。因此，必须成立实施科普活动方案领导小组，明确活动内容，按活动方案进行任务分解，明确分工小组负责人，再由小组负责人根据任务分头落实，一旦发现问题或在执行中遇到不确定因素，必须经方案领导小组讨论后对活动方案适度调整，以保证活动的正常进行。

（二）参与人员进行培训学习

要对组织实施科普活动方案的所有成员，包括活动主办、协办（联办）、承办、赞助等方面的相关机构的工作人员，按照流程、议程顺序进行分工。负责子项目的工作人员、专业团队的技术人员和临时安排活动抽调人员等，都要对主题活动的目的要求、中心任务、注意事项和活动意义等进行培训学习，做到思想统一、步调一致，目标明确、任务清楚。

（三）活动对外交流工作

科普活动方案领导小组要组织好在实施科普活动方案中所涉及的对外交流活动，如：主办、协办单位的落实，有关国内外专家、学者和相关领导的邀请，重要的贵宾、与活动有关参会代表的邀请，对外宣传的媒体组织与参与和活动场所的落实等。

（四）活动现场氛围营造

要组织好实施科普活动现场氛围营造，包括活动海报、POP 张贴、展示物品的布置、主题活动舞台搭建、背景音乐和节目主持人等，做好主题活动宣传，从色彩、标题到方案、活动等均突出主题，营造欢乐祥和、时尚学习、寓教于乐、社会公众积极参与的科普活动氛围。

（五）提升科普活动的价值

要注重科普活动实效，重视实施科普活动与公众、媒体、政府三者之间的关系，围绕活动主题充分挖掘活动资源，着力提升科普活动的价值与效果。对科普活动传播方式进行最佳优化，实现资源整合效能最大化，从而产生良好的公众传播影响和积极的后续效应。

（六）公众需求反馈信息调查

做好科普活动公众需求调查，目的是了解社会大众对科普知识了解的状况和需求以及反馈信息，以便探索面向公众科普教育的最佳服务模式。方法主要采用科普活动现场随机抽样、现场问卷的调查方法，通过对统计结果进行分析，找出不足之处，在下一轮的科普活动中加以完善。

五、科普活动的社会参与

《科普法》的颁布，保障了我国科普工作有法可依、有章可循。政府主导、社会各层面参与是科普工作的主要方针。近年来，各级科协及所属团体按照“弘扬科学精神、普及科学知识、传播科学思想和科学方法”的要求，积极实施科学素质工程，使科普工作呈现出群众化、社会化、经常化的良好局面。实践证明：要搞好科普工作，就必须与社会各层面通力合作。

（一）注重社会各层面的参与

衡量科普活动是否成功的标准是看社会各层面对其的参与程度，因此，在策划科普活动时必须注重社会参与，如各级政府、科研机构、大专院校、企事业单位、各类协会学会民间组织、非政府组织、非营利机构、科普专业机构、科普活动场馆、科普基地和各类媒体组织、互联网与电子媒体等。要根据主题活动情况进行资源优化整合，尽可能使全社会都参与到活动中去，通过科普活动策划组织实施的各类科普讲座、科普报告会、科学生活科普展示、科技成果和高新技术展览等活动，推动我国科普工作不断向前发展，对提高全民族的科学素

质起到积极的作用。

（二）注重各类媒体的参与

我国多年来的公众科学素养调查显示，我国公众获得科学技术信息的主要渠道是大众传媒。国务院发布了《全民科学素质行动计划纲要》，该纲要中提到“媒体”的有关条款有8处之多，要求“繁荣科普创作”“建立全国科普信息资源共享和交流平台”“加大各类媒体科技宣传力度”“打造科技传播媒体品牌”等。因此，在策划科普活动时应充分发挥大众传媒的科技传播能力，加大科技传播力度，尤其是在策划重大科普活动时，应尽量增加电视台、广播电台在活动前后的播出频率，通过报纸、杂志、期刊、户外广告、科普网站、门户网站、互联网流媒体和科普主题活动网站等综合性媒体的宣传报道，促进主题活动科学知识的普及与传播，提高公众的科学素质。

（三）注重公众的互动参与

科普活动的观众互动是指在科学普及性的活动中，科普工作人员与社会公众之间的相互配合和交流。科普活动项目和公众之间的体验式参与，有助于最终达到科普的目的。实践证明，在科普活动的实施流程中如果有组织观众互动的项目，如有奖猜谜、有奖竞答、知识竞赛、现场作秀等等，这个项目通常都会座无虚席、火爆异常，给参与者的印象也会异常深刻，科学知识的普及效果也就会更显著。

科普作品创作出来是为受众服务的，是供受众欣赏、阅读的，不符合受众需要的作品就没有生命力。同样，在活动策划设计时，针对不同主题和不同的参与单位，对于如何吸引公众参与互动，要策划好互动性科普活动，这既是科普活动的亮点，又是科学知识普及的焦点。例如：针对中小学生航模海模车模科普活动的策划，其中有动态特技表演、三模静态展示、学生三模比赛、观众互动等多项科普活动内容，这些活动内容通常都会使科普活动现场高潮迭起，参与者踊跃报名，不仅激发了青少年的参与热情、启迪了青少年的想象空间、拓展了青少年的创新思维，而且也提升了青少年的动手能力和科学素质。

六、科普活动的评估

（一）科普活动总结

每次科普活动结束都需要总结，其目的是提高科普工作的水平，注重科普活动的效果，提升下一次科普活动的品质和品牌效应。但现在大部分单位在对科普活动进行总结时，往往是总结实施效果多而项目评估少，或者即使评估了也不够全面。从客观上讲，目前科普活动评估工具和手段缺乏，很难做到全面准确的评估。如何在总结的基础上因地制宜建立一套量化、科学、全面、完整、适用而又能符合本区域要求的科普活动评估体系，值得我们每一位科普工作者深思。

（二）科普活动评估

成功的科普活动策划还需建立完整的评估体系。例如：评估活动目标是否正确、主题是否突出、经费投入是否合理、投入与产出是否成正比、公众资料搜集是否全面、媒体组合是否科学、公众与媒体关系是否更加巩固、社会资源是否增加、各方满意度是否量化、活动的普及面是否广泛、媒体的关注度是否密集、公众的参与性是否紧密、项目的知识性是否专业、活动的创新点是否结合实际、执行的有效性是否达到预期效果，参与者对活动的评价、活动后续效应和反馈信息是否真实等。只有这样全方位地进行评估，才能有利于通过分析发现活动的优点和不足，借鉴成功之处，总结不足教训，为下一次科普活动的策划与实施打好基础。

结　语

科普活动的策划与实施需要社会经验的积累和策划者较高的综合水平，策划者一定要了解我国国情和科普政策法规，具有较好的自然科学、人文科学和社会科学素养，还要具备一定的科学传播能力、社会协调能力和现场实战经验。策划方案还需结合社会需求掌握要点、抓住机遇、切合实际、把握分寸、便于实施。群众性科普活动既要重策划，更要重实施。因此，成功的科普活动策划是一个值得广大科普工作者研究的问题。只要不断总结经验并应用于实践，就一定能策划出更多经典的、更有影响力和示范性的科普活动。

（本文作者系朱利荣）

梦里水乡

经典策划创意案例

Chuangyijiangnan

水墨映周庄

首届『中国·苏州文化创意设计产业交易博览会暨第三届中国创意策划节』活动策划手记

首届“中国·苏州文化创意设计产业交易博览会”暨第三届中国创意策划节开幕式

2012年4月28日，由国家文化部产业司、江苏省文化厅、苏州市人民政府主办，苏州市文化广电新闻出版局、中国策划研究院承办，苏州市策划协会参与执行承办的首届“中国·苏州文化创意设计产业交易博览会”在苏州国际博览中心正式开幕。

全国政协副主席厉无畏，江苏省委常委、宣传部长王燕文，江苏省副省长曹卫星，文化部文化产业司副司长吴江波，苏州市委、市人大、市政府、市政协等四套班子领导和中国策划研究院领导出席了开幕式，曹卫星副省长、周乃翔市长分别致辞。

“创博会暨策划节”以搭建文化创意设计产业交流平台，宣传推介我国创意设计产业项目，发挥我国创意设计产业资源优势，打造内容丰富、形式新颖、特色鲜明、功能完善的文化创意设计产业交易市场为宗旨，以“创意中国，设计未来”为主题，以“创意改变生活”为主线吸引了50多位国内顶级文化创意设计大师亲临项目推介会，100多个创意设计和策划项目现场发布，300位创意策划专家与数百家企业开展洽谈交流，签约金额近20亿元。应“创博会”组委会的邀请，全国政协副主席厉无畏先生和世界著名经济学家约翰·霍金斯先生全程参加了各项活动，参观了展区，并在“创意·文化·设计”高峰论坛上分别做了主题演讲。

厉无畏副主席发表主题演讲

文化部文化产业司副司长吴江波致辞

苏州市委副书记、代理市长周乃翔致辞

约翰·霍金斯先生在论坛现场演讲

论坛现场

2010年6月，苏州市策划协会获得了第三届中国创意策划节的承办权。为了突破行业性节庆自娱自乐的模式，苏州市策划协会立足于对经济发展需求的把握和文化的积淀，在市文广新局大力支持和推动下用了近一年时间，整合上海、北京、深圳、南京的专家智慧，做了大量策划方案，先后争取到苏州市政府、江苏省文化厅和国家文化部文化产业司的大力支持，最终将活动定位成首届“中国·苏州文化创意设计产业交易博览会暨第三届中国创意策划节”，成功地将行业性节庆活动提升到了促进国内外文化创意领域交流、推进文化创意产业发展的大型

李芳陪同中国策划研究院陈国庆院长一行参观创博会展馆

展会层面；将内涵延伸到了“挖掘文化内涵、创新文化设计”；将外延扩展到了“跨界整合产业资源、融合多元产品形象”。

苏州市策划协会之所以能成功组织策划承办第三届中国创意策划节，并与首届“创博会”对接融合，关键在于其对“创博会”的性质、规模、可行性的准确判断，把握住国内经济发展需求，立足于文化和产业的积淀，整合全国性创意策划产业资源的能力。

一、准确判断“创博会”定位

首届“创博会”定位为：创新内容、创新形式、创新组织，切实办成首届水平高、影响大、效益好的文化创意设计产业交易博览盛会。

1. 彰显创意设计内涵

突出创意设计理念，培育创意设计群体，开展创意设计大赛、广告创意大赛、优秀原创动漫作品展演等活动，建设网上创意征集推广平台，汇集创意设计信息，展示优秀创意设计及产业成果，推动文化创意设计产业、技术、产品（服务）、市场、资本的对接，促进文化创意设计产业快速发展。

2. 促进创意设计融合

发挥创意设计抽象性、广泛性、关联性、独创性强的特点，推进我国文化创意设计产业与旅游、科技、信息、教育、体育等相关产业的融合发展，促进创意设计产业优化升级，增加相关产业及产品的文化创意设计含量，提升产品档次，

约翰·霍金斯博士作为特邀嘉宾出席中国首届创博会并发言

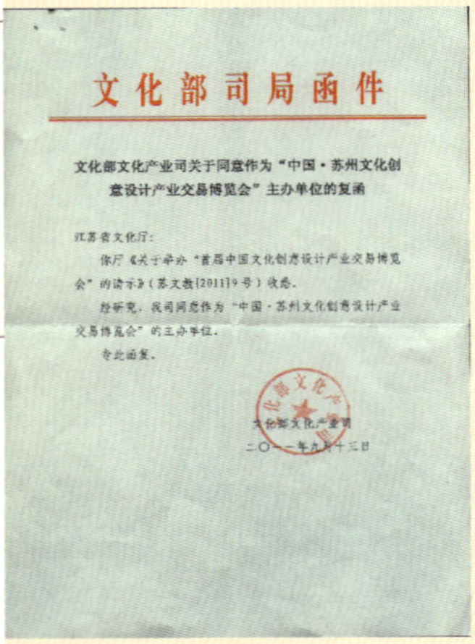

文化部司局函件

文化部文化产业司关于同意作为"中国·苏州文化创意设计产业交易博览会"主办单位的复函

江苏省文化厅：

你厅《关于举办"首届中国文化创意设计产业交易博览会"的请示》（苏文教[2011]9号）收悉。

经研究，我司同意作为"中国·苏州文化创意设计产业交易博览会"的主办单位。

专此函复。

文化部文化产业司

二〇一一年九月十三日

文化部批复函件

增强核心竞争力，实现共同发展。

3. 培育创意设计知名品牌

推动创意设计资源优势转化为产业优势，集中宣传展示文化产品品牌、文化企业品牌、文化活动与服务等文化产业品牌，打造优势突出、特色鲜明、结构合理的我国文化创意设计品牌体系，培育一批创意设计知名品牌，着力提高我国文化创意设计品牌的知名度和美誉度，提升品牌价值。

4. 推动区域合作

发挥我国传统文化博大精深的优势，促进创意设计的跨区域转移、对接与合作，推动创意设计产业"与时俱进"，加强与国外知名创意设计企业、创意设计机构、创意设计团队的交流合作。多层次、多渠道宣传推介我国创意设计产品和服务，努力使"创博会"成为我国创意设计企业参与全球分工与合作的重要平台。

5. 强化市场运作

坚持"政府主导、社会参与、市场运作、规范管理"的原则，在做好展览展示贸易博览的同时，在招商招展、项目推介、产品交易等方面，进一步加大市场化运作力度，吸引中外客商和社会力量参与"创博会"的经营、开发和运作。广泛动员社会各界参与"创博会"，培育文化市场，拉动文化消费，创造文化商机，推动文化创意设计产业发展，增强"创博会"影响力，把"创博会"打造成国内外知名的文化创意设计品牌。

二、把握住经济发展趋势的需求和契机

1. 产业结构面临大规模调整。长三角是中国的经济发展中心和引擎，苏州地处长三角中心，2010 年，苏州地区全部工业完成产值为 28484 亿元，其中通信设备、计算机及其他电子设备制造业实现产值 1.66 万亿元，工业总量继续居全国第二位。但受全球金融危机的影响，出口加工型、劳动密集型等类型经济对苏州经济发展的拉动作用减弱，区域经济结构面临由“苏州制造”向“苏州智造”转型升级的强大压力和契机。

2. 文化创意设计产业发展迅速。随着人民生活质量的普遍提升，苏州的文化艺术设计、时尚生活设计、动漫游戏设计、环境艺术设计、平面设计、传媒设计等创意设计业发展迅速，拥有创意设计企业约 3400 家，创意设计师约 56000 人，创意设计产值已占苏州文化产业总产值的 10% 以上，初步形成了昆山太仓、吴江吴中两大文化创意产业带和常熟、姑苏文化创意产业群，成为继北京、上海、深圳后第四个创新创意最活跃的城市。苏州也由此成为具有良好的经济基础、雄厚的创意设计力量和广阔的文化产业发展市场的一座城市。

三、立足于苏州及江苏文化创意的积淀

1. 历史文化积淀深厚是基础。江苏历史悠久，文化底蕴深厚。在 5000 年

苏州市策划协会

华夏文明的形成和发展中，吴文化、楚汉文化、淮扬文化和金陵文化成为中华文明的重要渊源，无论是文化人才、文化产品、文化资源，还是文化创造力、影响力，都在全国享有较高声誉。苏州是吴文化的发祥地和集大成者，丰厚的文化底蕴为加快文化产业发展奠定了良好的基础。

2. 知识产权战略取得显著成效。一个地区拥有的发明专利的数量，标志着该地区的创新能力。截至2010年，江苏省共有11个省辖市、5个县级市和5个国家级园区被列为国家知识产权试点示范城市和园区。2010年，全国第一家地级市专利代办处在苏州市正式设立。全市专利申请量达77194件，位居全国第一；专利授权量达46109件，位居全国第二；发明专利申请量达12935件，位居全国第四。苏州市被国家知识产权局认定为“国家知识产权工作示范城市”。

参加“创博会暨策划节”的海内外创意策划精英与领导合影

3．文化创意人才培养基础雄厚。苏州的高等教育已进入普及化阶段，拥有20所普通高校，60余所各类职业类院校，与美国、英国、新加坡的知名院校建立了30多个中外合作办学机构和项目，总在校学生人数超过30万。有部、省级重点实验室10家，市级重点实验室51家。中国科学院所属的研究所在苏州建立了10多个分部或产业化基地。苏州地区的新增劳动力平均受教育年限达到15.26年。

四、整合全国性创意策划企业资源的能力

1．借力中国策划研究院。中国策划研究院由国内各行业策划实战精英组成，与国务院发展研究中心、商务部、人力资源和社会保障部、住房和城乡建设部、农业部、中国商业联合会、中华慈善总会以及清华、北大、上海交大建立了紧

密的合作、服务关系。在全国20多个省市设有100余家分院、中心、基地和130余家网点。中华全国策划师协会拥有地方分会、注册行业专家会员、单位会员、个人会员，遍布全国各省市，已形成整合内外创意策划资源，汇聚创意策划智慧成果、树立城市形象的平台。苏州市策划协会借力中国策划研究院资源，走访全国各分支机构，印发了大量宣传材料，组织多次大型推广活动，招来了世界排名第六、亚洲排名第一，具有一百多年历史的巴马丹拿设计集团、中国（香港）旅游设计集团等20多家国际国内知名创意策划的企业参展。

2. 借力世界顶尖行业权威。为提升创博会的权威性，应省、市领导的要求，苏州市策划协会与上海创意产业协会合作，通过国内外各种渠道，特别邀请世界创意产业之父、英国著名经济学家约翰·霍金斯和中国创意产业之父、全国政协副主席厉无畏共同参与此活动，并在“创意·文化·设计”高峰论坛上分别做了主题演讲。

五、营造“原创、精品、先进”会展氛围

首届“创博会”暨“第三届中国创意策划节”对展馆展区进行了科学设计，分别设置了三大设计展示馆和四大交易区。

安徽韩再芬黄梅艺术展位侧影

巴马丹拿集团

1. 三大设计展示馆

① 环境艺术设计展示馆。主要展示形象设计、装饰设计、古建筑设计、室内设计、公共艺术设计、景观设计、园林设计、城市规划设计等。

② 动漫游戏设计展示馆。主要展示各类动漫游戏软件设计、动漫及动漫游戏周边产品设计、动画包装设计、FLASH作品设计、动画广告设计、手机游戏及各种衍生产品设计等。

③ 时尚生活设计展示馆。主要展示造型设计、首饰设计、汽车设计、家居设计、日用品创意设计，家居饰品、工艺礼品、陶艺珠宝、根雕古玩、现代家居和

生活形态等，从生活的各个方面展示现代人文生活方式。

2. 四大交易区

① 创意设计产品交易区。主要交易艺术设计、包装设计、产品设计、平面设计、装饰设计、服装设计、数码设计、广告创意等产品及服务拍卖和交易。

② 创意知识产权交易区。主要交易各类创意设计的知识产权交易，含商标、品牌、专利、版权、股权、产权的交易、产品及服务的购买、中介、经纪、代理、委托、经营等。

③ 动漫游戏产品交易区。主要交易动漫作品、动漫游戏制作软件、动漫游戏周边产品、动画电影和栏目、动画包装、FLASH 作品、动画广告、在线娱乐产品技术和节目内容、游戏产品、游戏机产品及附件、手机游戏及各种衍生产品等。

④ 时尚生活产品交易区。主要交易家居家装、家居饰品、工艺礼品、陶艺珠宝、根雕古玩、创意生活日用品、小电子产品等各类时尚生活创意产品。

首届“中国 · 苏州文化创意设计产业交易博览会暨第三届中国创意策划节”通过展览交易、招商洽谈、文化活动、高峰论坛等丰富多彩的内容，形成了推动苏州文化创意产业发展的新理念、新观点、新思路、新模式，促进了跨界产业项目融资和产品交易，推动了文化产业的繁荣发展。

中国旅游设计院展区

（本文由中国策划研究院副院长蒋永生提供）

『两个天堂』公司餐饮品牌造星记

“两个天堂”成立于2000年，是目前国内餐饮界的明星企业。

说她是明星企业，不仅仅是因为在过去15年里，“两个天堂”原创孵化了包括钱塘人家、钱塘茶人、战锅策、三千粉、饺翻天等在内的明星餐饮单元，创下了最大规模全国300余家连锁品牌的业内佳绩，同时也是因为她最擅长全维度创造品牌餐饮，是一家具有独立品牌经营与创意策划能力，致力于餐饮模式创建、品牌创意策划、商业空间设计及实施、餐饮服务定位、产品销售定位、特许经营全程服务、门店选址分析、餐厅智能应用和餐饮微电影生产等的新型商业公司。也正因为上述原因，她被称为餐饮品牌界的造星工厂。

“两个天堂”在成立伊始即提出了“商业创意力”和“创意品牌溢价”的全新经营理念，通过旗下的“两个天堂”品牌餐饮管理公司、“两个天堂”创意传播公司、“两个天堂”装饰设计公司，以全案策划、平面广告创意、建筑及室内空间创意、网络新媒体创意以及企业文化品牌和行销活动类创意等全方位服务，为餐饮意向目标对象进行商业定位。

“两个天堂”自行创建、拥有、营运和拓展的品牌，在华东乃至全国具有较强影响力的经营性商业品牌诸如“三千粉”牛肉米粉餐厅、“战锅策”创意火锅餐厅、“饺翻天”饺子餐厅等都是极具创意的作品。

三千粉

三千粉，2012年创立于苏州，是新型快速餐饮连锁品牌。主营取味自中国、越南、新加坡、印度等各国各地的新亚洲风味米粉，兼营米饭产品及创新型佐餐小吃和饮品。“两个天堂”室内装饰公司原创“新亚洲风”创意店体，将环境与美食完美结合，使“三千粉”在国内连锁餐饮行列和商业空间设计领域脱颖而出。

“三千粉”自2012年6月开放首家门店至今，已实现了苏州片区（包括昆山、吴江）、上海、杭州、武汉等一线城市，江阴、南通、盐城等优质消费型二线城市的品牌覆盖，并与国内外多个知名商圈、购物中心建立了合作关系。

“三千粉”被评为2012—2013年度最新锐、最具投资价值的特色速食餐饮品牌样板。

战锅策

战锅策,国内首家通过 ISO9001 2008 质量管理认证的分餐制企业。2006 年立足苏州,次年开放全国连锁。遍及华东、华南区域,在湖北、浙江、江西、江苏、山东、福建等省(市)开放连锁门店,品牌进驻金鹰、印象城、万达等知名商圈。“一人一锅”的全新理念,受到大批年轻群体的追捧,“战锅策”一跃成为国内最具活力的分餐制火锅品牌。

饺翻天

饺翻天作为定义饺子新鲜吃法的榜样店,由“两个天堂”企业全案原创,被誉为 2014—2015 跨年最值得期待的轻餐美学力作,该店以最为大江南北饮食认同的饺子为主打产品,以互联网时代全新思维升级,搅动了中国轻餐行业。

擅长经营的“两个天堂”企业,也在实战中擅于为品牌餐饮进行包装、创意设计、营销策划工作,先后完成了包括钱塘茶人、战锅策、三千粉、饺翻天在内的多个品牌 VI 全案设计,创意策划了多起热门营销活动,受到业界媒体的广泛关注。

2007 年,“两个天堂”引领苏州年轻休闲消费企业,组建成苏州第一个时尚联盟“Give Me 5!”,接受新加坡国家电视台星传媒采访。

2006 年,“胡戈馒头”影响力营销活动获得国内 20 余家主流媒体的现场报道和百余家媒体的广泛传播,被媒体评为品牌营销年度事件和成功案例。

2006 年,“端起茶杯,放下世界杯”创意广告,成为德国世界杯期间中国商家逆向营销的最典型案例,并被白岩松主持的 CCTV 新闻频道的《世界周刊》节目予以报道,远播欧美,被 20 余次作为该年度营销创意案例引证。

案例一:事件营销 >> 创意市集中国第四站

2007 年,“两个天堂”公司独立策划、创意并承办执行了创意市集中国第四站。“两个天堂”公司全案设计本次活动所有宣传广告,以沧浪区(今苏州市姑苏区辖境内)千年古胥门为主题背景,以新奇视角阐释苏州古典元素,大展后现代创意旗帜,为本次活动带来了全新的视觉冲击。

这场规模盛大的创意市集使胥门从此成为全国创意人心中的新图腾。苏州也因此被南方报业集团评为中国十大创意城市之一。

宣传海报、创意镂空 KT 版

案例二：事件营销 >> 胡戈馒头

2006 年，胡戈曾因根据陈凯歌电影《无极》改编创作的《一个馒头引发的血案》迅速蹿红网络，引起大量关注。“两个天堂”迅速捕捉热点，为自有餐饮品牌“钱塘茶人”创作起名为“胡戈馒头”的创意营销事件。

“两个天堂”对“钱塘茶人”原有的鲜肉馒头重新进行包装，起名为“胡戈馒头”，同时邀请胡戈本人为此代言。该创意事件以“馒头不能好吃到这样的地步”为宣传口号，获得了国内 20 余家主流媒体的现场报道和百余家媒体的转载传播，为营销针对的店家直接吸引顾客同比增加 73% 和 59%，间接创造的品牌影响力价值被商标部门预估超过 300 万元。

“胡戈馒头影响力营销活动”被评为 2006 年年度品牌及商标注册营销的年度事件和成功案例。

"馒头 bu 能好吃到这样 de 地步"主题海报

案例三:事件营销>>反世界杯

2006 年、2010 年,"两个天堂"创意公司为自营品牌"钱塘茶人"策划两期"反世界杯"事件营销,创作"端起茶杯,放下世界杯"钱塘茶人系列创意广告,为品牌创造了直接经济效益。

2006 年德国世界杯足球赛期间,"钱塘茶人"营业收入同比上年增长 258.14%,与日韩世界杯足球赛期间相比增长近 200%。活动发起的第二天,白岩松主持的 CCTV 新闻频道的《世界周刊》节目进行了首家报道,随后该系列广告远播海内外,美国、德国等西方媒体的经济新闻、社会新闻和体育新闻都予以了广泛报道。"端起茶杯,放下世界杯"事件成为世界杯期间中国商家逆向营销的最典型案例。据不完全统计,这一事件先后被海内外 70 余家媒体报道,并被 20 余次引证为该年度营销创意案例。

“端起茶杯，放下世界杯”广告

海报文案：商场、店铺、酒吧、咖啡店……到处都是足球！
想要清静？有！在钱塘茶人！

“莫谈球事 非茶勿扰”场景营造

增值产品：世界杯球星茶包

案例四：创意设计 >> 想不到的事，都从“粉”开始

2013 年，“两个天堂”创意公司为三千粉塑造“年轻”“时尚”“谐趣”的品牌形象，以“想不到的事，都从‘粉’开始”连续两期创作系列创意海报。首期海报从产品角度出发，配合夸张的人物造型，使受众形成了强烈的品牌记忆。

想不到的事：外表柔弱的妹子内心是条汉子！

想不到的事：看似猥琐行动实则只为求粉。

想不到的事：一把年纪的老头爱玩孩子的游戏。

想不到的事：歌神的外形藏不住一颗吃货的心！

想不到的事：小人物也有大梦想！

想不到的事：有人把才华放心里，有人把菜花放头顶。

想不到的事：第二波“新亚洲风”

“三千粉”创意海报第二波以“新亚洲风”为主题，运用“同感”的创意手法，借助视觉表达，向受众传达出“三千粉”拥有的丰富味觉体验。创意主题“想不到的事，都从‘粉’开始”不仅表现了由吃米粉而引发的种种意料之外的趣事，还将“粉”字活用为动词——即拥护、关注的意思。海报推出后，在微博上引起强烈反响。

想不到的事：在原汁原味中畅游是一种惬意的享受。

想不到的事：朝天椒威力无穷！

想不到的事：卤肉和番茄竟然熬出了爱情。

想不到的事：一碗新鲜，来之不易。

想不到的事:美食的世界没有距离,本土鸡也能遇见异域咖喱。

想不到的事:“新鲜”可以是一场说走就走的旅行,也可以是一碗说吃就吃的牛肉粉。

案例五:创意设计>>世界杯设计储值卡

“两个天堂”在2014年巴西世界杯足球赛期间,配合自有品牌“三千粉”发售“储值卡”,对“储值卡”进行创意包装,以当下最流行的扁平手绘插画风格完成卡面设计。

从32组球队中挑选排名前四的种子球队,设计一组与之相关的4套储值卡。通过创意设计和“买套卡送套餐”的促销活动，强化宣传，带动储值卡的销售，为企业创造营业收入。

卡面卡套设计：卡面＋卡套共同组成明星球员

（本文由“两个天堂”公司供稿）

活态保护 老树新花：宋锦从衰落走向新生

“茧镇奇缘”海报（宋锦箱包）

2012 年 12 月 20 日，“2012 全国丝绸创新产品推介活动”在深圳中丝园举行。吴江鼎盛丝绸有限公司的宋锦系列家纺和箱包从近 100 家企业的 160 多件作品中脱颖而出，荣获 2012 全国丝绸创新产品金奖。活动的组织者——中国丝绸协会专家组一致认为宋锦系列产品将中国传统文化融入产品设计中，将传统生产工艺与现代工艺相结合，使传统丝绸产品焕发了青春。该系列产品科技含量高，创新能力强，代表了当今丝绸产品的最高水平，代表了丝绸产品未来的发展趋势。

宋锦的前世今生

宋锦，起源于宋代，发源地是苏州，所以又被称为“苏州宋锦”。宋锦属于织锦类工艺品，主要分为大锦、匣锦和小锦三类。大锦是宋锦中最有代表性的一种，由金银线编织，常用来装裱名贵字画；匣锦又称合锦，用真丝和绒线混合织成，多用于一般书画的立轴、屏条的装裱；小锦，包括月华锦、万字锦和小浪锦，一般用天然蚕丝制作，适合装潢小件工艺品的包装盒。宋锦因色泽华丽、图案精致、平整挺括，一直被作为皇室龙袍、凤装的专用饰品，有中国“锦绣之冠”的美称，与南京云锦、四川蜀锦并称中国三大名锦。2006 年，宋锦织造技艺被国务院批准列入第一批国家级非物质文化遗产名录。2009 年，联合国教科文组织将宋锦作为中国蚕桑丝织技艺列入世界非物质文化遗产名录。

宋锦织造工艺非常复杂，一般的锦只是纬线起花，而宋锦是经纬同时起花，仅织造程序，宋锦就要比云锦、蜀锦费时两倍以上。另外，宋锦制作纹版的时间也很长，20 厘米的小花型，需要做成 1800 张版，费时一个月以上，而大花型则需要花费更多时间。进入现代，云锦、蜀锦都实现了机器制造，唯独宋锦由于制作工艺复杂，织造机械开发滞后，只能沿用手工织造的方式生产，费时又费力，因此，成本越来越高，产量越来越低，逐渐失去了往日的优势和固有的市场。失去了市场竞争力的宋锦，濒临人亡技绝之危。

传统宋锦手工木织机

策划，复活千年瑰宝

我国第一个丝绸博物馆——苏州丝绸博物馆的首任馆长、国家级丝绸专家、72岁高龄的世界非遗宋锦传人钱小萍，在看到宋锦的传承保护仅靠政府设立的保护基金在勉强维持，处于日渐衰落、濒临失传的境地时，深感痛心，频频发出拯救宋锦的呼声。2012年1月初，钱小萍专门写了一封信，向苏州市委市政府呼吁在大力发展新兴产业的同时，振兴苏州丝绸、弘扬苏州宋锦、发展苏州丝绸文化。钱小萍反复强调宋锦作为我们国家独有的非物质文化遗产，有一种独特的风格，它比市场上常见的丝绸和织锦缎质地更平挺，更抗皱，更轻薄，光泽更柔和，比市场上现有的丝绸产品更典雅，更具有古典美。由于宋锦有独特的文化内涵，独特的性能，因此，它比云锦、蜀锦用途更加广泛，应该弘扬宋锦，应该振兴丝绸。钱小萍的呼吁得到了全社会的共鸣，苏州电视台、苏州日报为此分别以宋锦技艺传人钱小萍和苏州丝绸博物馆为主题，进行了专门报道。

吴江鼎盛丝绸有限公司董事长吴建华无意间看到了这些报道。当时，吴江鼎盛丝绸有限公司已经拥有意大利进口雷纳多剑杆织机50多台，法国进口

吴建华（左一）、北京服装学院院长刘元风（左二）与设计师楚艳（右一）为 APEC 会议专用新中装挑色选样

电子提花机 5 台，国产 K611 有梭织机 24 台，是一家生产面料、家纺、服饰、礼品等全系列丝绸产品并在业内已经具有较高知名度的民营企业。鼎盛生产的多款丝绸面料入围“中国流行面料评比”金奖，自主研发的桑蚕丝纳米银纤维防辐射服已被列为国家纺织科技项目，英国威廉王子大婚婚纱礼服用料就是鼎盛生产的“塔王”牌塔夫绸。但丝绸面料市场的萎缩和激烈竞争，使吴建华敏锐地意识到：必须对传统产业进行升级改造才能使企业异军突起走出困境。他看到了关于宋锦的报道，由此产生了通过一些时尚的设计，赋予古老的宋锦一些新的功能，让它有新的市场，让它能够焕发青春的策划冲动。

吴建华提出了对宋锦进行“活态保护”的策划理念，策划把传统的织造工艺与现代机器织造技术结合起来，根据宋锦的织造工艺改造电子提花机，把“数码技术”与“人工意匠”相结合，传统工艺和现代设计时尚元素相结合，用现代织造设备复原千年宋锦，同时研究挖掘、传承创新，拓宽宋锦的使用领域，让宋锦实现品牌化、市场化，实现批量生产。

抱着这样的想法，吴建华专程拜访宋锦传承人钱小萍并提出了自己的想法。当时，包括钱小萍在内的许多老专家都难以接受“活态保护”的策划理念，认为宋锦就应该是传统的，只有由人工用老的机器织造的宋锦才能叫宋锦。吴建华向她解释说，整个纺织行业处在不断的发展过程当中，织造的工具都在不断进步，如果固守着人工制造的设备不放，不能让宋锦实现产业化，那么这个历史上灿烂的东西只能放在博物馆让人看，只能有少数人知道宋锦的存在，若干年以后大家都很可能不知道有这样的东西了。如果把它恢复生产起来，然后再让它市场化运作，那么宋锦文化以及织造工艺就可以更好地传承。钱小萍这位专注于保护、挖掘、复制的"非遗"传人，出于对宋锦走出失传危机的责任感，最终认同了吴建华"活态保护"的策划理念，两人终于牵手合作。

策划，让宋锦这顶"锦绣之冠"彻底走出了博物馆，走进了现代生活。

创新，让宋锦实现产业化

在钱小萍的支持下，吴江鼎盛丝绸有限公司投入200多万元资金，与苏州丝绸博物馆等建立合作关系，在从事丝绸产品设计和技艺研究30多年的高级工程师王晨的统领下，经过近两个月时间的设计攻关，通过对一台进口织机进行改造，世界上第一台符合传统宋锦织造工艺各项技术参数的电子提花织机

鼎盛丝绸公司设计师何丽荣（左二）与新中装服装设计师楚艳（右一）在织造现场

终于被研制出来，相关技术也已经申请了10项专利。

织锦最强调“意匠”能力，也就是设计能力。意匠能力对宋锦来说是核心和灵魂。因此，在宋锦电子提花机的改造上，将设计的“表达能力”作为一项重要参数，实现“数码技术”与“人工意匠”的完美结合，极大丰富了宋锦的花型，有效提高了织造的精度，可以生产出复杂花型、浮雕式图案的高端宋锦产品。

与传统的机械织机相比，这台电子提花织机突破了人工手绘版修改时间长的缺陷，只需鼠标轻轻一点，就可以轻松完成一次改样，而且门幅更宽了。在产量上，一台电子织机一天可以织出45米宋锦，而传统织机最多只能织18米。

为了使产品具有深厚的文化底蕴，鼎盛公司与国内知名的摄影家汤生合作，以汤生的江南水乡苏州民居摄影作品为素材，应用宋锦织物结构进行纹样再设计，以宋锦从未使用过的现代摄影作品为纹样，从内容到织造技术两方面进行了前所未有的突破与创新，第一件运用现代技术织造、名为《姑苏民居图》的宋锦作品跃然问世。《姑苏民居图》的长和高都为30厘米，突破了传统手工织造的宋锦宽不过8～10厘米的条状结构。画面虚实相间、色彩淡雅，粉墙黛瓦、石刻砖雕、花街回廊、屋檐窗棂等体现苏州文化元素的花型，也突破了传统手工织造的宋锦花型单一的局面。

创新，让宋锦从此摆脱了只能传统手工织造的束缚和仅能作为装饰花边的局限，走上了生产现代化、产品艺术化的新路。

创意，为宋锦拓展新的使用领域

有上千年深厚文化底蕴的宋锦，如果仅仅停留在挖掘传承层面上，放在陈列馆或者博物馆展出，不能走向市场，走向民间应用，就可能难以传承下去。只有把传统工艺和现代设计元素相结合，融入时尚元素，实现品牌化，开发出更多的实用性功能，才能体现宋锦的价值，维系宋锦的传承。

2012 年，吴江鼎盛丝绸有限公司接到了国航办为国家领导人开发一些专机专用礼品的任务。吴建华发现，宋锦具有普通的真丝绸所不具备的平整程度特别好、耐磨性特别好的特点。如果能丰富宋锦的花纹，用宋锦面料制作礼品，就可以为宋锦拓展新的使用领域。

创意一：挖掘深藏的绸缎样本，丰富宋锦的花纹素材。

经“非遗”传人钱小萍牵线，吴江鼎盛丝绸有限公司和收藏有国内最大规模丝绸样本的苏州市工商档案管理中心建立了合作关系，8 万件历史悠久的馆藏绸缎样本为开发宋锦产品提供了丰富的素材。吴建华还在意大利建立了设计中心，聘请意大利顶尖设计师针对春、夏、秋、冬不同季节设计创新图案色彩，将中国传统工艺跟欧洲顶尖时尚元素巧妙结合。百年纹样在融合现代设计元素后，制成了“明代凤鹤方方纹”“唐代连珠纹”“汉代如意锦”“四合云纹缎”等一系列图案花色精致、时尚而复古，充满强烈的立体感，手感细腻平滑，具有全新视觉感的高档宋锦面料。

创意二：用宋锦制作高档箱包和服装，让皇家饰品走进大众。

吴江鼎盛丝绸有限公司在原有装裱锦、装饰锦、欣赏锦、艺术锦的基础上，进一步开发出宋锦箱包、皮夹、服饰、家纺、汽车内饰等延伸产品，在各类工艺品以及以宋锦为背景的书画、唐卡、贺卡甚至高端宣纸等诸多领域打开了巨大的市场空间。

2012 年 4 月 28 日，中国首届文化创意设计产业交易博览会在苏州国际博览中心开展。在博览会现场，吴江鼎盛丝绸有限公司展台前人气爆满，《姑苏民居图》和用宋锦面料打造的时尚女包首次“惊艳”亮相，让参观的人们大开眼界。现场一位参观者一眼就相中了一款价值 800 元的宋锦女包，一口气订了 9 个。

Elegant and poised presence.
Exquisite and vivid manufacture.
旅行箱系列
TRAVELLING BOX SERIES
SJKLGX001
SJKLGX001
SAINT JOY

宋锦箱包
SILK BROCADE BAG
Texture, luster, plain, elegance,
Every pattern is showing your individuality.

宋锦箱包

宋锦手包

2012年9月，首辆满载735个宋锦手抓包、晚宴包等宋锦系列产品的大卡车从吴江鼎盛丝绸有限公司开出，发往中国国航作为国家领导人出访时的国宾礼品。作为“非遗”的宋锦，就此改变了只能做装饰锦和艺术锦的历史，彻底走进了现代生活。

为了实现宋锦的品牌化，吴建华为宋锦产品申请注册了“上久楷”“罗玛世家”两个自主品牌，引领宋锦步入时尚生活和宽广领域，走上产业化道路。

创意三，舆论跟进，营造氛围。

2012年11月7日，中国宋锦开发应用基地在吴江鼎盛丝绸有限公司正式挂牌成立。同时，吴江鼎盛丝绸有限公司联手苏州丝绸博物馆、苏州大学等单位，投入3000万元，建设了4000平方米的宋锦文化艺术馆，展示苏州的丝绸文化、宋锦艺术。走进艺术馆，映入人们眼帘的是蕴含浓郁藏域文化的《宋锦唐卡》、象征一团和气的《和气吉祥图》等一幅幅精美的宋锦艺术品，还有色彩亮丽的奢侈床品、青春时尚的专用箱包、纹理奇特的高档时装，这些产品完全跳出了过去对传统工艺和纺织品“复制”的概念，张扬着引导潮流的时代精神。

人民网、经济日报、扬子晚报、解放日报、央视网等媒体纷纷聚焦鼎盛丝绸，采访报道吴建华和他开发的宋锦产品。

到目前为止，吴江鼎盛丝绸有限公司为宋锦的开发运用已经累计投入超过 3000 万元。宋锦产品不但销往江苏、浙江、北京、上海等地，高档的宋锦箱包、服装、床上用品已经进入北京燕莎商场、爱国者国货精品连锁馆等高档品牌商店，苏州宋锦正在打造口国丝绸的最顶级奢侈品牌，打造中国的 LV，打造中国版爱马仕。吴江鼎盛丝绸有限公司的策划创新创意，让抽象的宋锦具体化了，硬是通过挖掘、研究、技术创造、融入时代文化元素和应用开发，利用现代丝绸技术和时尚概念使本来已经退出历史舞台的宋锦从枯萎走向新生，让宋锦借助各种产品形态渗透到人们生活的各个角落，这是对中国传统丝绸工艺的延续继承，更是对中华传统文化的发扬光大，必将对现在和以后的丝绸生产与发展产生重大影响。

"茧镇奇缘"海报(一)

丝绸传统产业 + 文化时尚创意 + 高科技 = 丝绸新兴产业,中国丝绸产业正迎来华丽转身。

背景介绍

上久楷品牌故事

上久楷,源于清光绪年间(光绪二十四年,公元1889年)的苏州上久坎纱缎庄,这是一家专门从事顶级宋锦及其他高端定制的商家,也是当时宋锦的顶级制造商,上久坎按旬按年定时进贡的宋锦及相关产品,已成为皇亲国戚和士大夫定制服饰的首选。1919年,上久坎纱缎庄联合苏州的其他绸庄成立了苏州东吴丝绸厂,产品包括宋锦、绛丝等顶级丝织产品,工艺技术处于国际领先水平。

在1954年到1956年的公私合营中,苏州市区丝织厂分别合并成为东吴、振亚、光明、新苏等四家国营丝织厂,东吴厂成为苏州乃至全国丝绸织造的领头羊。到了20世纪90年代末,东吴丝织厂形成了真丝、真丝交织复合和涤纶仿真丝三大类别的东吴牌绸缎,常年产有100多个品种,包括织中缎、古香缎、金玉缎、克利缎和"四缎一锦",而这"四缎一锦"中的宋锦,其品牌就是上久楷的前身。东吴厂的丝绸产品出口到美国、欧洲、日本、韩国、东南亚和港澳等国家和地区，深受消费者欢迎，经典产品在国内外享有较高的声誉，特别是具有“塔王”之称的塔夫绸色泽绚丽，质地细腻，曾在1981年被选为戴安娜王妃的婚礼礼服用料。

2009年8月，鼎盛丝绸斥巨资承接了具有百年历史、苏州人深以为自豪的苏州东吴丝织厂有限责任公司，包括其生产真丝绸的全部织造设备，并引进东吴的核心骨干技术人员和操作人员，全面学习吸收东吴丝织厂的文化、管理、技术、经验。

要想真正提升丝绸形象，品牌打造很重要，而国内又缺少这样的丝绸名牌。2011年，鼎盛丝绸将具有浓郁历史气息、深厚文化底蕴的百年丝绸品牌“上久坎”发掘出来，并将上久坎的“坎”修改为“楷”。在八卦的“坎”卦中“坎”为水，水为财，所以“坎”即发财之意，而传统意思中“坎”却有坎坷不顺之意，而“楷”字具有典范、楷模和榜样等积极向上的正能量的寓意，与上久坎品牌发展的意向一致，故在读音相近的前提下，将“坎”修改为“楷”，既保证了文化的传承又有利于品牌的发展。鼎盛丝绸还将“上久楷”的英文商标“Sanit Joy”引入美国洛杉矶市场，专心打造“上久楷”品牌，开发具有文化气息的丝绸工艺品，打造属于中国人自己的丝绸名牌。

“茧镇奇缘”海报(二)

2011年4月29日，威廉王子举办婚礼，上久楷为凯特王妃量身定制了高端的婚纱面料，再次将上久楷呈现在英国皇家婚礼上——如今，上久楷已成为英国皇家首选丝绸品牌、中国国际航空公司VIP专机礼品、外交部礼宾司定点采购国礼礼品，并荣获2012年全国丝绸创新产品金奖。目前，久盛丝绸已经在意大利成立了上久楷设计中心，并聘请法国的顶级设计师，结合国内知名设计师和院校，为宋锦赋予更多的文化内涵和对之进行时尚化设计。2014年年底，上久楷第一家海外品牌旗舰店在英国伦敦开业。2015年，在法国香榭丽舍大街开业的国货精品馆，上久楷宋锦箱包将作为主打商品推广，此举对宋锦文化的传播、中国丝绸美誉度的提升具有重要意义。

未来，鼎盛丝绸将继续深入挖掘宋锦文化，加强品牌营销策略，拓宽销售渠道，提高上久楷在国内外的影响力，将上久楷做大做强，打造属于中国人自己的丝绸名牌。

（本文由吴江鼎盛丝绸有限公司供稿）

『瓢虫贝贝』能成为全世界最著名的瓢虫吗？

一、由世界上最值钱的猫——Hello Kitty 激发的策划灵感

直到21世纪的新时代，世界上最著名的三只动物依然没有变：世界上最具市场价值的一只猫——Hello Kitty、世界上最著名的一只狗——SNOOPY、世界上最受欢迎的一只熊——Winnie Pooh。

这只诞生于1974年11月1日的天蝎座猫咪，2014年年底就要满40岁了。可在时尚潮流界，Kitty猫依然是个不老的传奇，关键就在于其源源不断的形象授权。

据统计，拥有Hello Kitty的三丽鸥公司向日本超过500家公司以及海外的数百家企业进行了Kitty的授权。这只可爱的猫咪，几乎被印在了每一种你能想象到的商品上，小至贴纸、糖果、笔、啤酒、手机壳、衣服、玩具、手表、杯子、筷子、手机、垃圾桶，大至电脑、跑步机、汽车，甚至是可以收藏的纯金币，以及冒险主题乐园。

每个月，Kitty猫都会有500个新产品上市并且淘汰500个旧产品，从而使得自己的产品能符合不同的潮流趋势。

比如，20世纪80年代初，当泰迪熊风靡日本之时，人们可以见到Kitty紧抓着一只小熊作为她的朋友。

20世纪80年代中期，日本中产阶级家庭的小女孩都流行学钢琴，于是弹三角钢琴的Kitty猫出现了。

2004 年,30 岁的 Kitty 猫新推出了成人商品,例如烤面包机、咖啡机、微波炉等,以留住与她同龄共同成长的成人迷。

在中国的台湾省,由于麦当劳推出的迷你 Kitty 很抢手,是否为对方购买一套 Hello Kitty 甚至成了情侣们认定对方是否爱自己的标志。

结果是,Kitty 猫每年为公司创造 5 亿美元的利润,同时也为获得授权使用其形象的公司赚取了几十亿美元的收益。

三丽鸥在授权给海外企业的主题公园业务也不断扩大。在马来西亚,一家小规模娱乐主题公园于 2012 年秋季开张。2014 年,首家日本境外"Hello Kitty 乐园"在中国浙江省揭幕。

那么,我能创造出第四只世界上最著名的动物吗?

我能!!

二、"瓢虫贝贝"能成为全世界最著名的瓢虫吗?

要成为全世界最著名的瓢虫,还得从国内做起!

在国内,不管是相对成熟的唱片业、图书业、影视业还是新世纪刚刚起步的动漫产业,版权都是制约产业发展壮大的一块"短板"。虽然说近两年国内企业对版权保护的意识明显加强,比如 2014 年年初,著名作家毕飞宇状告影视剧版《推拿》编剧陈枰出版电影小说《推拿》,琼瑶致广电总局公开信,诉于正《宫锁连城》抄袭《梅花烙》,这些在国外看来比较低级的侵权,在国内还是层出不穷。这其实从一个侧面反映了我们国家文化产业发展还非常不成熟,版权授权市场很不规范。

2009 年,在香港迪士尼,几个背着瓢虫造型小书包的小朋友吸引了我的目光——策划灵感显现!

我要打造一部以瓢虫为主题的大型动画片!

最初,我立志把《瓢虫贝贝》系列动画片打造成类似《黑猫警长》那样家喻户晓的正义片。样稿出来后,我又感到儿童的思维认知与大人不同,过多的说教反而难以吸引儿童的注意力,必须站在儿童的角度,顺应儿童的思维认知习惯进行设计创作。因此,我把主人公定位在外形弱小但品德高尚,聪明又诙谐幽默,符合儿童审美观的位置上。

2012 年,《瓢虫贝贝》第一季《乌龙魔法》正式创作完成。主人公"瓢虫贝贝"是一个正义凛然又带点诙谐幽默的"环保卫士"。动画片采用拟人化的手法,把小小的瓢虫世界放大、放大、再放大,在微观的世界里进行畅想,并最终搬上荧屏。

首播以来，聪明勇敢的贝贝和他的瓢虫兄弟们成为动画荧屏的一个亮点，充满想象力的剧情为孩子们持续传递着正能量。目前，大型系列动画片《瓢虫贝贝》已完成了系列前三季《乌龙魔法》《神秘工厂》《拯救古树镇》共156集的制作发行，并在全国多个电视频道播出，成为全国学龄前儿童最欢迎的动漫之一。

“瓢虫贝贝”已经成为全国最著名的瓢虫！

三、“瓢虫贝贝”如何才能成为全世界最著名的“瓢虫”

只有拥有丰富的衍生品才能成为全世界最著名的“瓢虫”！

动漫企业产业链短、盈利难。《瓢虫贝贝》的世界会有多大呢？“瓢虫贝贝”为什么不可能成为全世界最著名的“瓢虫”呢？关键是“瓢虫贝贝”的品牌影响力显然无法和 Hello Kitty 相比。

目前，“瓢虫贝贝”的品牌影响已经成为核心竞争力。除了以每年一部的进度推出《瓢虫贝贝》系列动画片外，我们还必须在版权输出、品牌授权和衍生品开发等领域打造“瓢虫贝贝”这一品牌形象。

策划方案一：创作“瓢虫贝贝”童装系列

和 Hello Kitty 的品牌授权方式不同，“瓢虫贝贝”利用常熟地区服装产业十分发达的优势，坚持自主开发衍生品——动漫形象童装。

2012 年年底，“瓢虫贝贝”衍生品开发的第一站，“瓢虫贝贝”童装正式发布。

“瓢虫贝贝”童装一经推出，就赢得了众多喝彩，销售商纷至沓来。“瓢虫贝贝”从动漫形象到童装系列，从创意产业成功切入到传统产业，被视为跨界融合的典范，也成为动漫产业中自主培育产业链的成功尝试。

动漫与童装的结合产生了巨大的商业效应，天堂卡通是国内首家进行自主衍生童装品牌开发的动漫企业，这是动漫产业发展的一大突破。它不仅能够为企业自身带来新的利润增长点，同时也会带动其他动漫企业进行自主衍生品牌的开发，将推动我国的动漫产业步入发展新阶段。

策划方案二：加快企业自身结构调整

十八届三中全会后，中国的产业转型升级步伐明显加快。2014 年第一季度，我国 GDP 增速降至 7.4%，更说明经济结构的调整已经箭在弦上。加快发展现代服务业，大力发展文化创意产业，也逐渐成为共识。

让“瓢虫贝贝”成为全世界最著名的“瓢虫”，除了成功开发衍生品之外，更需适应形势的发展加快企业自身的结构调整。

我们在打造“瓢虫贝贝”的精品原创的同时，积极探索产业链完善的路径，从品牌定位、成长空间、版权出让、衍生品开发等多个角度实现利益最大化。我们成立了衍生品开发部、专营店运营部和版权保护与出让部等专门部门，建立了“瓢虫贝贝”系列童装专营店，实现了“瓢虫贝贝”产品的利益最大化。

策划方案三:加大舆论宣传攻势

当“瓢虫贝贝”成为深入人心的品牌后,舆论宣传成为助推品牌发展的重要一环。“瓢虫贝贝”系列童装专营店有统一装饰风格,力求醒目且与众不同,让人过目不忘,让孩子乐于接受,从而强化“瓢虫贝贝”的视觉冲击力。同时,借助人大代表和政协委员的提案优势,向党委政府呼吁并争取将对文化衍生产业的扶持融入政府出台的文化创意产业扶持政策。

天堂卡通公司,在成功创立了自主品牌“瓢虫贝贝”动漫之后,积极探索创意产业与传统产业的对接与融合,实现了动漫形象衍生品的开发,为动漫创意与实用产品相辅相成、同步发展保持活力,走出了一条通过创意策划实现文化产业发展之路。

(本文作者系张德洲)

心肯意达：让艺术为苏式生活造梦

创意理念

作为苏州本土的艺术家，传播吴门文化是肯达美术馆馆长江小玲多年的设想与愿望。营造一种苏式生活，最大限度地与大众分享对艺术和生活的感悟，以艺术作品为源头进行衍生品开发和个性产品的孵化，从传统文化经营模式进行创新模式尝试与突破，这便是延续着这座城市千年艺术基因的“艺吴门”，以及女主人江小玲的一个用心且美丽的愿望——将艺术之梦照进苏式生活。

展厅正门

错落悬挂的鸟笼，渲染出苏式生活的闲逸情趣；竹竿悬挂的手绘真丝衣物，诉说着姑苏人家的艺术情怀；现代艺术感的真丝屏风、太湖石摆件、复古瓷器以及翠竹绿植的装点使整个空间更富有“城市山林”的意味……

从艺术到生活，看似遥远。肯达美术馆掌门人江小玲打造的“艺吴门”，具有苏州的“地气”，通过创新演绎，使本已经模糊的概念重新回归当代生活。如画有小桥流水的丝质围巾、印有吴门画家水墨作品的床单被套等，无不体现着浓郁的吴门风韵。它们把一个个繁复深奥的文化概念、文化元素变成一件件活色生香的实用器物、文化产品，使姑苏工艺精粹走入现代生活。

一、艺术生活造梦者

越来越多的都市白领喜欢在国外的博物馆、歌剧院、画廊出口处的商店里买一些衍生品——书签、围巾、笔、盒子等等。一来这些东西都是其他地方买不到的“独此一家”，二来每次从这些场所出来都有些意犹未尽，衍生品正是那些展品的延续，尤其是那些日常用品衍生品，日常就能看到、摸到、使用。自己家中一个印有印象派画家高更画作的盒子突然在博物馆里看到了原作！自己家中有一个雕皮花纹的本子，蓦然看到了与本子同一花纹的古罗马时期的石雕原物！这种惊喜都是无法用语言去形容的。那种与某件艺术品的脉脉相通，

真丝产品 1

真丝产品 2

真丝产品 3

瓷器

SPA 香薰与茶瓷器组

那种普通生活中的艺术小物所表达的内涵的，绝非一个可以向他人炫耀的旅行或一份拥有独特物件的骄傲所能涵盖得了的。因为那小物早已进入“你”的生命里，成为“你”的一部分。

所以当走进位于苏州市姑苏区锦帆路的肯达美术馆看到那些艺术衍生品和创意文化礼品后，所获得的只有感动。人们常常将艺术世俗地分为两部分——单纯的艺术、日用品的商业设计，这应该是偏见，因为艺术品不仅有着挂在博物馆里的魅力，更应该成为生活中点点滴滴的一部分，这样的艺术作品是“活生生”且生命力旺盛的。如今被印刷在商品中最广泛的当数印象派画家的画作，因为它们色彩明快，经年不褪。尤其是凡·高的作品，对比色强烈，笔触有力，谁也不会说这样的作品俗气或者只适合放在博物馆的玻璃后面。

一个国家、一个地区如果人人的日用品——一只发夹、一条裤子、一个手机套都或多或少有优秀艺术品的痕迹，那这种现象也就成了一整个人群审美的一个展现，而非个体矫情或者单纯地谄媚名作的表现，况且被谄媚地喜爱的作品恐怕也不会有生机无限的强大生命力。

肯达美术馆的女主人江小玲本身便是位艺术家。一个了解、热爱艺术的女人，总会有很多很美好、很优雅的梦想，不过要将这个美丽的梦变成现实、变成看得见、摸得到的东西却是一件与单纯做梦截然不同的现实创业。我们敬畏好的艺术家，更敬畏将艺术、梦想变成让普通人能物质地握在手中、披在身上来仰慕艺术的造梦者。

张爱玲说：哪个女子不恋物。一枚精致有故事的耳环、一条藏了“人面桃花”的围巾……这样的小物于一个女子的心灵建设恐怕是很多男子难以想象、很多清高的艺术家不屑关注的。当然条件是那件“物”很美，有故事而且身世不凡。

二、点睛苏式生活

目前肯达文化旗下的“艺吴门”品牌产品主要包含艺术衍生品和创意文化礼品两大类，艺术手绘、原创设计是其一大特色。

苏州尝有画派曰“吴门”，为明代士大夫绘画审美之典范。艺吴门，“艺”有艺术、工艺之含义，为的是仰慕之、实践之，把玩之。

手绘并不算新鲜，如今文艺女青年的身上不乏手绘棉麻质地的服饰围巾，但敢否将这样的作品穿去参加艺术家云集的画展？敢否将这样质地的衣物穿去参加货真价实的时尚派对？

手绘真丝围巾

人们常常容易将艺术和工艺混淆，以为写意的画作容易而轻巧。

双层手绘的素绉缎围巾，或者一面是艺术家工作室团队创作了手绘作品的素绉缎，一面是竹纤维、纯羊毛质地的围巾；手绘服饰中的花草翎毛用手绘，再用丝线绣出轮廓，用珠子串出眼睛，羽翅缀上光彩……这就是艺吴门的品质。

手绘的主题当然是苏州，什么是苏州？“艺吴门”的主题是苏式生活，又何为苏式生活？越简单的命题往往越难回答，譬如如今提得最多的苏式生活，那是一种什么样的生活？说苏式生活必说精致，怎么个精致法？

手绘真丝画

手绘真丝睡袍

说苏作手工的细致，这细致又与别处的细致有何不同？问题层出不穷，其实苏式的生活是苏作手工的精致，是苏作手工在日常生活中的点滴品质，一个鸟笼、一个动物与人的玩趣是这般讲究，而且苏作工艺到极致全部是与中国文化哲学、礼仪、审美息息相关。比如椅子为何这般摆放？因为这样摆放才是家庭礼制和大自然的方位秩序。扇子为何这样软、开风度为何这般小？因为古代文人摇扇讲究动作小，这样姿态才会优雅，按照这样的规制做出的扇子展开放在墙上于视觉比例最佳……诸如此类的讲究。一位法餐大厨感叹：法国的菜肴尚且一季可用，苏州的时令菜肴却常常两周一转，大半月即换。这就是苏式生活，点滴、细微，每个毛孔都有着妥帖之美。

然后我们往往又容易将这种生活替换成工艺。其实两者有很大区别，其中最大的区别在于艺术的绝不重复、个性斐然，更在于生命的境界与工艺无法类比。吴门山水如同苏州园林，在一个"退"字，在一个安于自然的精神状态，精湛之工绘就生命之阔。这种精神领域的生活方式，于普通的人，需要的不仅是用眼看，还需要抚摸、体会、了解，方能得曼妙于心头。

所以"艺吴门"提倡的理念中有个难能可贵的手感概念。

香炉系列

三、心肯意达的吴门情怀

这种将苏式生活外在于形的绘画主题当然还是苏州。小桥流水不仅是风景更是天人合一的境界追求；太湖石，以透漏瘦皱为美可谓人尽皆知，它究竟还有其他什么奇特的魅力让宋代画家米芾伏拜称兄，让一个好好的皇帝宁愿牺牲天下江山不顾一切来索寻？那优雅的审美变成质地优良的丝巾、服饰、瓷器、家居软装，这样构成生活中各种令人感动的部分。难怪江小玲要说“住进美术馆”了，这便是日常且美丽的生活，这便是艺术的俯仰皆是。

学艺术、教艺术、做画廊，了解绘画、交往画家，更难得的是那如梦般的女子心肠和执着近痴的造梦勇气。

苏州向以软、柔、文化、精致品冠古今，艺术早作为生活中必有的一份浸入了苏州生活，可谓“布衣韦带之士，皆能摛章染墨”，“风雅”事实上也已经成为苏州一贯的城市精神，甚至，一种生活方式。

或许是城市精神的夙因轮回，肯达美术馆馆名中的“肯达”即“心肯意达”之意。在开馆艺术展上，姜竹松、凌君武、王琪、汤生、姚永强、江小玲等当今苏州六位具有前瞻意识的艺术家，分别以具有实验意义的新型水彩、装置、油画、摄影、水墨、影像等艺术形式，结合原作创意设计了诸多形式的艺术衍生品，并在优雅的生活场景中予以展示。这是一个让艺术回归生活的做法，大胆而真实。

兴许便是因为这样的灵感初现特别动人，当江小玲开始做手绘真丝品后，姑苏区组织“艺吴门”的产品去日本交流，艺吴门真丝手绘那梦般的幻美，借助苏州丝绸所展现的细若肌肤滑若流水的质感，在日本的商业艺术界获得了极高的评价；三届苏州创博会，一个独立的展示平台上坐的沙发、用的靠垫、饮的茶具……没有比这样的“日常生活”更能一目了然地展现“苏式生活”的了；上海国际礼品展、丝绸中国大展，这样的丝绸水乡、枯荷靠垫的评价是可触的梦里江南……

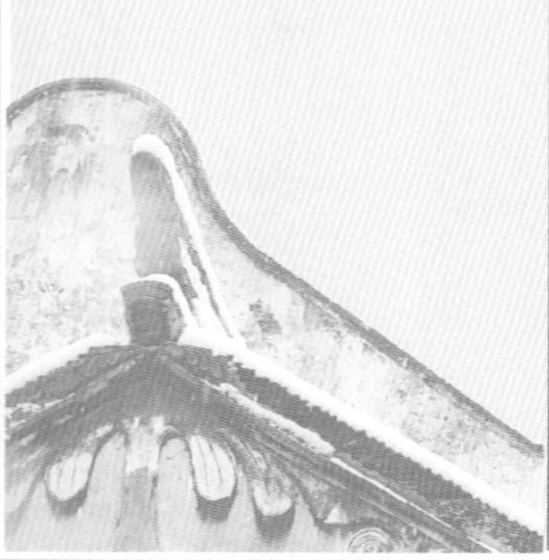

昆山“汇设计”以“面对市场，把握市场，联动资本，增值生产能力”为策划主线，适应制造企业转型的新需求，策划设立了一个整合设计的实体，使离散的设计走向整合的设计，担起了帮助传统企业实现新经济时代转型的重任。

一、“狼群效应”给“汇设计”的启发

澳大利亚的羊群常常被狼群袭击，当地的牧人为了解决这个问题，对狼群采取了围剿与捕杀，之后在相当长的时间里，这里的羊群再无后顾之忧。可是牧人们逐渐发现：没有了狼群的存在，他们的羊竟然越来越不健康，病死率也大幅提升。牧人终于悟出，因为有狼群的存在，羊群中的生存者才能始终是那些健壮敏捷的羊，而病弱与迟钝的羊迟早要被狼吃掉。狼的存在保证了羊群的健康——这就是著名的“狼群效应”。

近年来，我国各地各种工业园区蓬勃兴起，入驻园区的制造企业在利好政策和资金支持的“包装”下春风得意，但由于企业自身设计创新不足，或采用“新瓶装旧酒的伪创新”，因此依旧摆脱不了品牌价值萎缩、产品附加值低下的厄运。缺乏文化创意的设计已经成为当代中国产业振兴的最大障碍之一。同时，在工业产品的设计创新过程中，也暴露出单个设计企业单枪匹马的作战模式很难凭一己之力撼动整个制造产业，最终难以促成制造产业的整体提升的问题。单个设计企业的“独狼”作战模式，虽然可以在短时间内自给自足，但因为脱离了“狼群大部队”，在激烈的竞争中仍难以生存。

我们的结论是：在一个具备产业集聚优势之地，在政府部门和行业协会（第三方力量）的大力支持下，由创意设计中心扮演“头狼”角色进行引领和推动，“狼群效应”就会凸显。在这样的情况下，设计产业的振兴并非没有出路。

二、“产业创意化”的辩证意义

以“产业创意化”为聚焦点，我们就能够看到更广域地区不同阶段的创意设计需求。

“创意”这个词很早就有了，几千年前的彩陶设计就充满创意。但创意能够形成产业却是经济发展达到一定程度后的产物。发达国家也是在经历了第二次或第三次产业革命，城市化进程加速，资源威胁显著后，才觉悟到必须发展高附加值的知识产业。同时，随着版权业的兴起和对知识产权的认同，无形的创意和技术等软性的东西能够转变为可交易的有价值的产品，促使“创意”成为产业构成的重要因素。

中国的沿海发达城市已经接轨世界发达国家，内陆地区却还停留在解决

温饱阶段。在经济发展不平衡的发展中国家，产业的创意化在某种程度上比创意的产业化更重要。

作为设计之都的上海，正在大力发展现代服务业，降低制造业的比重，实现城市转型。但同时，上海的制造业目前仍占城市产业比重的 70%—80%，产业格局不平衡的态势在未来也不会很快消失。将来上海的制造业，是低附加值的传统制造业还是高附加值的现代制造业？创意设计服务于制造业，可以让一个杯子、一辆车子在没有大的资源投入的前提下增值，因此，在积极将"创意产业化"的同时，更要特别倡导"产业创意化"。一方面是创意产业化的量变积累；另一方面，这也意味着创意可以非常普泛地在不同类型的产业中发挥作用；如果考虑到制造业作为服务业的基础，那么，产业的创意化便有了意义的叠加。

三、昆山"汇设计"策划案的基础

昆山"汇设计"的核心机构是"昆山创意设计中心"，是从事推动昆山创意研发设计发展和品牌系统构建的专业机构。其策划案形成的基础源自：

1．把设计当作系统来看待

设计是外观、技术、市场、品牌等要素的汇聚，已经从单个人智慧的单独行动越来越成为社会系统的有组织群体活动，无论环境设计、产品设计、信息传播设计，它们都不仅涉及产品外观，还涉及技术、营销，设计已经没有好坏之分，只有差别之分，可以这样说，设计已成为一个系统。设计的核心在品牌，位置处在整个产业链的顶层。

2．"汇聚"而非"集聚"

昆山是典型的代工城市。制造业一旦遭遇瓶颈，容易造成制造业崩盘性转型，不可能像上海这样的综合性大城市，有各种机制代为消化缓冲。因此，昆山市政府注意到上海地区创意产业园区对本地转型驱动产生的积极意义，曾建议上海整体迁移一批设计企业机构到昆山的创意产业园，以期打造出昆山地区创意产业发展的气候。但是，上海是一个中西文化交融百年的城市，昆山不具备这些条件，上海能做的事在昆山未必能做。设计机构和设计师可以为昆山的订单而来，却不会因为订单而在昆山"集聚"留驻。也就是说昆山要"汇聚"的是上海乃至全世界的设计力量和设计智慧，提升昆山产业能级，而不是简单的设计机构的入驻"集聚"。

3. 富有创意的政府扶持模式

政府的政策扶持不可或缺，但更重要的是如何扶持。直接对设计企业减免税赋和房租、奖励等常用的扶持方式短期效果明显，但对设计企业的长期发展、提升品质则几乎没有效果。“昆山设计推进计划”的扶持模式，创造性地采用政府每年提供设计专项资金扶持引导昆山的制造业提升“设计附加值”的方式，让制造企业在设计中受益，推动制造型企业主动投资设计、重视设计、购买高品质的设计成果，从而吸引大量的优秀设计师个人、设计机构入驻“汇设计”，以设计智慧推动昆山制造产业迅速升级。

四、昆山“汇设计”运作模式的策划

将工业设计部门涵盖在设计咨询公司里，是昆山“汇设计”的基本运作模式。当客户遇到设计问题时，咨询公司会为其诊断，为其分析错位发展的可能性，指导其产品改造或者创新的科学路径，提供解决问题的办法。也就是说，设计实际上着眼于整体解决问题，是先为企业号脉，后为企业开药。因此，在策划昆山“汇设计”的组建框架时，特别突出了“整体设计”的公共服务平台的职能：

1. 网络信息平台

投资创建“昆山创意研发设计综合平台网站”（“汇设计”的官网），以整合网络资源、发布创意研发设计产业及品牌建设信息、逐步建设实现网络电子商务模式的研发设计交易、进行网络创意商品交易、集聚创意人才、提供网络信息服务和嫁接二、三产业对接为主要任务。

2. 投资咨询平台

与第三方投融资机构和金融机构合作，以创意研发设计产业为重点融资方向，主要服务内容有：① 项目评估；② 咨询服务；③ 知识产权；④ 集聚区建设；⑤ 政府购买服务；⑥ 品牌构建；⑦ 展示交易；⑧ 产业孵化；⑨ 创投基金。

3. 知识产权平台

以推动昆山市创意研发设计产业知识产权交易与转让发展为宗旨，并配合政府部门、研发设计企业和社会各界做好知识产权的各项产权保护和产权转化工作。

4. 人才培训平台

以企业研发设计管理、品牌战略管理人才和创意研发设计人才培训为主体，联合上海及江苏各大专院校、科研机构、专业培训机构，以及其他国内外资源等联合办学，定向为企业培养专业性管理人才和研发设计人才。

5. 成果展示与交易平台

此为创意研发设计产业和品牌战略领域对外展示、交流、发布、交易常设窗口，是区域联动共同推进创意研发设计产业发展的共享平台，该平台主要以"昆山创意设计之窗"、昆山企业新产品成果展及论坛活动构成为主。

6. 研发设计平台

即以推进昆山创意研发设计业向高端化、国际化、应用化为宗旨，从事与设计业相关的设计咨询、设计管理、设计输出等各项社会服务，从而嫁接长三角地区的制造业，实现设计品牌化、产品自主化的目标。

7. 国际交流平台

发挥自身社会资源优势和行业优势，已与全球国际性工业设计组织、研发设计机构、跨国企业等建立了工作联系，重点加强与世界各国同行的交流沟通，推动昆山创意研发设计产业走向世界，吸引全世界创意型企业及创意设计大师"汇聚"昆山。

五、联动"长三角"

联动长三角，不简单是一厢情愿的事。双方的诉求沟通、价值目标的同一化、运营机制的探索、可持续发展的愿景规划，都需要多地联手创新和磨合。

鉴于通过"设计"推进制造企业转型的政策特点，策划案"汇设计"将服务企业方向的重点指向企业转型升级的四个关键点：

1. 产品战略——指导企业做什么

通过信息咨询服务方式，为企业提供企业产品发展方向和产业结构调整的战略性规划，从而引导企业合理分配投资资金和生产资源，通过产品发展过渡期，分步骤逐步推进企业的产业结构调整和产品升级换代。

2. 设计咨询——告诉企业如何做

工业设计是一门跨学科的综合性应用学科门类，涉及市场学、经济学、心理学、工程学、材料学、管理学、气候环境学、人工智能、文化艺术、美学、各国或各地标准等，因此设计咨询重点解决产品的定位问题，从而制定多级别多层次的阶段性定位问题，通过产品市场对比与知识产权结合制定设计核心竞争力规划。

3．设计服务——帮助企业具体做

通过整合全球设计资源与产品技术集成，为企业提供设计服务委托，进行产品设计、试样、工艺流程设计、大样试生产等一系列过程，对试样产品进行功能测试、标准测试等一系列测试与改进工作，从而实现产品设计目标。

4．品牌策略——提升企业市场获利能力

产品设计自设计咨询开始就将产品进行多层级分类规划设计，有的产品设计形成同核心技术单品牌多品种的规划，有的产品形成多品牌分级式的规划，因此需要制定完善的产品品牌管理系统及市场运营模式的创新规划，延长设计产品的生命周期，从而全面提升企业的产品附加值和品牌核心竞争力。

六、成功案例

案例一：三一重机挖掘机变形金刚

2011 年 10 月 18 日到 22 日，第十一届中国（北京）国际工程机械、建材机械及矿山机械展览与技术交流会在北京举行。展会上，由昆山创意设计中心主持、"浩汉设计"（NOVA DESIGN）设计研制的"三一重机挖掘机变形金刚"惊艳亮相。作为三一重机的形象代言人，它高 7.2 米，重达 8 吨，左手持钻机，右手擎挖斗，还能点头示意与参观者互动。此举在展会首日便吸引超过 2 万名观众驻足，并直接促成三一重机现场签单超过 6 亿人民币。

三一重机有限公司是三一集团旗下的集挖掘机生产、销售、研发于一体的核心子公司，作为"国家火炬计划重点高新技术企业"，自落户昆山以来，实现了跨越式的发展，规划在 3 年内将昆山产业园打造成中国第一挖掘机生产研发基地。2011 年，三一重机对旗下产品进行了全新的设计。昆山创意设计中心针对三一重机设立"助推新产品与提升品牌形象"设计项目，创意以"变形金刚"机器人为品牌代言，以加强企业品牌宣传，改变市场、客户对三一品牌的既有记忆，将三一的企业形象进一步放大、加强，获得了非常好的效果。

在这一案例中，"汇设计"汇聚了最大的华人设计公司"浩汉设计"作为"猎手"，由此开辟了长三角创意产业协作之路。

技术先导：让六丰轮毂转动全世界

坐落在昆山开发区的六丰机械工业有限公司由台湾六和机械和日本丰田集团旗下丰田通商共同投资兴建，于1992年设立，1993年10月正式投产，现有员工近1300人。注册资本额为6181.4万美元，占地近200亩。六丰机械主要产品为铝合金车轮、E-SAVER节电装置、转向机毂体及铝压铸产品等。这是当时第四家在昆山设厂的外资企业，现已成为全中国产能最大的铝合金轮毂制造厂。

目前全球市场每年所需的轮毂数量是两亿，而六丰机械加上发展之关系企业每年的产能是1000万只，虽然这个数字看似微不足道，但技术与产品档次处于大陆领先地位。尽管中外轮毂的水平、产品不尽相同，但对于宗绪惠来说，同样面临着激烈的订单竞争，相对多数轮毂厂商比较注意维护人脉关系并频繁降价的手段，他更看中产品开发对市场引导的作用。如果拥有独家技术，能够帮助客户预测消费者需求，帮助客户成长，那么客户自然会将其当作合作伙伴对待。反之，就会失去客户。

当今世界汽车技术的主要开发方向是安全、节能、环保；六丰轮毂早已满足整车对于燃油经济性、车辆性能、排放、车辆可靠性的要求，不仅如此，它更以其时尚、轻巧的特性，独占鳌头。

“在安全和环保方面，多数外销轮毂做得都很不错，因为打入外销市场本身就需要符合国外的安全环保标准。而轻巧这个要求就比较高。”六丰机械的总经理宗绪惠侃侃而谈，“目前客户对于轮毂的要求越来越细致，传统的轮毂已经不能满足客户的需要，客户需要的是个性化、时尚的轮毂。从前的轮毂直径一般是14～15寸，我们是第一家做出17寸轮毂的大陆厂商，当然现在已经能做到24寸的轮毂。轮毂就好比是汽车的腿，腿越长，身材就显得越好看。所以目前的潮流就是做大直径的轮毂。体积大、重量却要小，这就对材质和技术提出了更高的要求。”

宗绪惠说：“当时大陆还没有一家生产汽车轮毂模具的公司，我们是第一家。我们用自己生产的模具来做自己的轮毂，这是我们的独家技术。”从一开始代工配套，到后来的独立研发，六丰一直致力于建立一流的研发队伍——可以自行设计生产模具以及各类生产设备，其自行研发的轮毂达到世界一流水准，主要型号包括SVW、SGM、MAZSA、FVW、BMW、BENZ、GM等。出众的技术水准和良好的口碑使六丰机械与美国通用、日本丰田、马自达、德国大众等很多世界知名汽车生产厂建立了合作关系，美国的OEM及售后服务市场的诸多

知名厂商都成为六丰机械的长期稳定客户，更有北欧、澳洲、拉美、中东的客户慕名而来，在大陆也与上海通用、上海大众、一汽大众、天津丰田等国内一线品牌汽车厂家成为合作伙伴。

技术先导型的经营理念

尽管成绩不俗，但是宗绪惠却十分低调，他说六丰的经营之道在于向客户提供独有、高质、高附加值的产品。这种技术先导型的经营理念贯穿于六丰运营的各个方面。“目前我们还没有自有的门店，产品都放在轮毂专卖店或汽车零部件专卖店销售。但是我们不跟客户讲价，不以单纯推销产品获取订单，而是通过各种讲座、产品演示，向客户传播产品创新理念，进而影响客户采购高科技产品。事实上，客户对我们的要求也很高。每一位客户对于轮毂的要求都不同，所以我们需要时时刻刻研发出新产品来适应客户的要求，每年我们需要根据订单研发出 40 到 50 种新产品，这就对研发队伍提出了更高的要求。”

与多数汽车零部件企业普遍存在的开发力量薄弱状况相反，六丰机械主要的人力成本支出主要用在建立研发团队。六丰机械在投产早期仅拥有技术研发人员三四位，如今已增加到 30 多位。如果加上产品设计、模具研发等环节的工作人员，总数有 80 人之多。在研发经费方面，六丰机械对研发人员培训和新产品的开发投入也非常之大。“我们的技术人员都是自己培训的。先对外招聘，然后定期举办培训，由台湾母公司或者日方技术人员定期前来教授。”每逢国际或国内的大型车展，六丰机械都会派研发人员去参观，鼓励研发人员学习技术、创新技术。

无论为哪家汽车厂商做配套，六丰机械在完成订单任务的同时，研发人员做到从单纯的来图加工转变为自主研发、共同研发并生产，为客户创造出更多的价值。到目前为止，六丰机械的研发团队已获得多项专利，包括 2007 年申请的抛光方法和抛光装置发明专利，2010 年至今已申请了针对轮圈的表面处理方法、制造设备改善、清洁铝材料的方法等多项专利。

先进的制造技术确保在业界的领袖地位

先进的产品需要先进的制造技术来支持，否则无法占据市场优势地位。在六丰机械，传统的单一、分散的零部件加工方式被流水线装配取代；大量的机械设备，特别是自动检测设备的使用，进一步降低了手工操作的失误和人员消耗，将产品质量提升为零缺陷；精益生产方式的广泛采用，则在优化生产工艺、生产流程的基础上进一步降低了生产成本，降低了库存。“一开始我们制造的都是普通的轮毂，做的也是外销市场。慢慢的大陆汽车市场开始发展起来，我们觉得大陆市场大有可为，于是在1995年，我们开始打入内销市场。这就需要不断引入生产设备来增加产能。所以我们陆续引进了全自动涂装生产线、超声波漏试机、全自动X光机、氦气检测设备等设备。在2003年，引进了一个先进的组装线，这是我们最大的投资。六丰机械的产能从最早每月10000个，以每年15%的速度递增。到目前为止，我们六丰已经制造出超过3500万个轮毂。”

宗绪惠说，生产轮毂还有一个关键技术在于轮毂表面的涂装技术，如果该工艺不过关，轮毂就会腐蚀。表面涂装需要三道漆：底漆、色漆、透明漆。六丰轮毂的涂装漆颜色更细腻，更具金属质感，与车身更协调，亮度也比普通车轮毂高20%以上。

不断吸纳新元素，打造客户多元化的全球市场战略

成立于1992年的六丰机械有限公司，由最初只生产普通轮毂的单一工厂，成为具有铝合金车轮、E-SAVER节电装置、转向机毂体及铝压铸产品多种商务板块，客户遍及主要整车厂和发动机厂的部件供应商。这种变化的动因，来源于宗绪惠的经营宗旨——成为业界领袖，并一次实施多元化客户市场战略。“就轮毂而言，分为主机市场和售后服务市场。在主机市场，我们不可以打自己的品牌，只能为客户设计，他们买断我的产品和设计。而在售后服务市场，我们可以打出自己的品牌‘豪马’牌轮毂，既卖成品，也可以根据客户的个性化需要来设计修改。未来我们将往售后服务市场发展，不断研究分析，根据市场的需求做出更高品质的轮毂。”

从2001年起六丰机械一直赞助上海333车队参加各种越野赛，对宗绪惠来说，这不仅是一种公益善举，也是另一种形式的技术提升。“赛车手对车的性能更加熟悉，他们会在试车后将对轮毂的需求和感觉反馈给我们，帮助我们进一步提高技术和设计。”

值得一提的是，六丰机械在不断创新轮毂、模具等产品的同时，环保产品E-SAVER节电装置也是他们的独创，“早期台湾1000家便利店都使用这种节电装置。目前大陆很多大型超市也已投入使用。E-SAVER节电装置的好处在于，它能帮助企业节约15%到20%的照明用电。”

“诚实、朴实、踏实、创新、活力、尊重”，宗绪惠带领六丰机械秉承企业创始人的训导，确保产品品质的完美与产量的扩张，不断迈向国际化。1997年7月，六丰机械在中国第一家通过QS9000/ISO 9001质量体系国际认证；1998年10月，六丰机械在亚洲第一家通过VDA6.1质量体系国际认证；1998年10月，六丰机械在中国铸造业第一家通过ISO 14001环保体系国际认证；2000年8月，六丰机械在亚洲第一家通过ISO/TS16949质量体系国际认证。之后，经中国品牌战略推进委员会综合评审以及国家质量监督检验检疫总局批准，六和牌轮毂荣获2007年“中国名牌产品”称号。

苏州元和文化创意产业园：用『智力无限』打造『文化盛宴』

苏州相城区元和街道在"退二进三"中抢抓机遇，后发崛起，将旧厂房"变身"文化创意孵化器，开发建设成元和文化创意产业园。2012 年 11 月 24 日，元和文化创意产业园正式开园，苏州中心城区将打造出一个特色鲜明、品位时尚、富有创意的文化产业集聚区，从而有力提升城市发展软实力和文化竞争力。

元和文化创意产业园

一、打造"文化盛宴"提升区域文化软实力

苏州元和文化创意产业园由艺术展会、文化艺术企业总部、文化创意专业旗舰店、艺术设计学院、艺术家公寓等五个主要功能区组成，分三期建设。按照规划定位，文创园未来将建成以家居产业为核心的艺术工作室及文化创意企业集聚地，成为华东地区最大的文化产业创意、设计、研发、培训和交易基地。

目前已建设完工的是文创园一期，建筑面积约 2 万平方米，全部由旧工业厂房改造而成，一砖一瓦无不凸显出独特匠心。远远看去，一块高三四层楼的"文化巨石"矗立在大厦一角，形似于"飞碟"凌空而降。走近细看，"巨石"的背面是用一块块绿玻璃镶成的凹凸不平的墙面，与周围的大楼形成一种神奇的和谐效果。

依托高铁新城和相城中心城区带来的巨大人流、物流、信息流、资金流，一期开园后，进驻的各类文化艺术产品机构超百家，这百家商户对各类工艺美术产品进行分类展示以及交易，其中包括油画、国画、雕塑、非遗作品等工艺美术品，园区将为商家提供展示和交易的平台，让更多的艺术文化作品与市场对接，使创意转化成生意，让消费者切实体会到自己买到的是文化、是智慧。同时，文创园还联合文化旅游板块，适时开辟陶艺、玻璃艺术、绘画等互动区供市民们手工DIY。此外，文创园以益浦文化中心、益浦美术馆为中心据点，展开一系列高密度的文化交流活动，比如高层次的原创油画、雕塑等创意作品的展览展示等，让社会各界人士享受园区艺术家带来的各种“文化盛宴”，以高层次文化活动的气氛拔高周边地区的文化素养，提升区域文化软实力。

二、创意设计提升工艺美术产品附加值

在元和文化创意产业园的南边，坐落着长三角地区最大的家具集散地江苏蠡口国际家具城，建筑面积150万平方米的家具市场容纳了3000多家家具生产和销售商。然而，家具行业发展到一定的程度，总会出现行业发展的瓶颈。项目运营方、苏州知己文化投资管理有限公司董事总经理余伟说，元和文化创意产业园开园后，将重点引进一批家具设计工作室，把更多时尚设计通过家具企业市场化，一方面“用创意创造财富，用艺术点亮生活”，为家具行业的发展注入更多新鲜血液，提升产品附加值；另一方面，也助推蠡口家具市场转型升级，提高行业整体竞争力。

家装摆设、布艺、灯具、室内色彩搭配等软家装产品近年来走俏市场，元和文化创意产业园里自然少不了它们的“一席之地”。这些充满生活情趣的家饰产品更讲究创意设计，一个烟灰缸、一个茶杯，甚至一个纸巾盒、一盏陶瓷工艺台灯，都能增加家居品位，市场空间巨大。最近，元和文化创意产业园正积极联系国内外优秀家装企业，希望能引进企业或企业设计工作室入驻，打造出一个原创设计者交流和创作的“天堂”。

余伟对元和文化创意产业园的运营充满信心。元和文化创意产业园落成后，产值交易分为四大板块，即文化作品的知识产权交易、文化艺术活动服务、工艺美术产品交易以及文化作品的出口。2013年，园区企业交易总产值达到10多亿元。随着二期、三期的落成，园区交易额还将不断增长。

三、联合高校打造文化产业“智库”

文创园良好的区位优势和发展前景，吸引了众多国内知名设计机构负责人前来元和文化创意产业园考察参观，其中不乏服装设计、绘画等方面的人才，不少人表达了落户文创园的意愿。文创园是相城区与中央美院城市设计学院合作共建的教育实习基地，目前园内展示的45件（幅）作品都是美院师生们积累多年的创意精粹。开园后，文创园迎来了中央美院城市设计学院的学生，他们以本地风土人情为主题，积极参与创意文化产品的设计开发，成为增强文创园软实力的“智库”。

未来，文创园还将以国内各顶级艺术学府机构为主导，与进驻园区的各类创意设计工作室、雕塑工作室以及画廊进行定期的学术交流活动，带动园区的文化机构以及创意设计工作室的创作理念提升，从而为园区企业提高工艺美术产品的创意附加值，并形成文化创意作品的知识产权的交易平台，解决国内许多画廊、雕塑创意工作室的产品研发困境，让更多学术作品对接注入文化产业交易平台。同时，文创园将定期邀请国内艺术学府的学子们，以苏州深厚的江南文化为基础，也以“相城十绝”文化为课题，展开文化艺术作品创作，并在园区展出创作的成品。

根据规划，3年内，元和文化创意产业园将吸引、培养一支2000人的文化创意人才队伍，在思想碰撞中把更多的“脑力”转化成创意产品，推动相城文化产业大繁荣。

走进生命的春天：漫谈苏州市景范中学『青苹果之家』概念设计

引　言

青春期是人生最美好的黄金时期，也是一个由儿童走向青年的过渡时期，在人生发展中既是生理、心理发生剧烈变化的重要时期，又是人生观、道德观形成的关键阶段；这一时期青少年学业负担沉重、学习竞争激烈、社会压力相对增加。青少年性生理和性心理的发展，既能把个体引向正常而健康的学习与生活道路，也可能使他们做出一些不符合社会公共道德准则的行为。因此，青春期性教育是帮助青少年健康成长的必要课程，对于帮助他们形成健全的人格，培养良好的习惯行为，减少与性有关的疾病发生，乃至减少未婚怀孕和性犯罪都有极大的作用，往大处说，还可以促进人口素质的综合提高。2011 年 9 月，苏州市首座“青苹果之家”青少年健康科普馆在苏州市景范中学金阊新城校区开馆，科普馆一改传统的展馆模式而采取了针对青少年特点、符合时代潮流的多媒体场馆形式，不仅引起了当地各类媒体的极大关注，重要的是在当地教育部门的协调下已成为各中学性健康教育科普基地。国家相关部委以及各兄弟省市的科普、教育部门竞相前来参观取经，收到了良好的社会效果。

据媒体的一份以“城市中哪个职业、群体最累”为主题的民意调查显示：认为中小学生精神最累的占 38.4%，居被调查对象首位。而据国家卫计委统计，我国内地 18 岁以下未成年人有 3.67 亿，至少有 3000 万人受到各类学习、情绪、行为问题的困扰。中小学生精神障碍患病率为 21.6% ~32.0%，且近几年有上升趋势，突出表现为人际关系、情绪稳定性和学习适应方面的问题。在过去的一二十年间，我国青少年的心理健康水平有下滑趋势，人格缺损现象比较严重，青少年行为问题、心理卫生问题、自杀和婚前性行为等问题逐年增多——有五成以上孩子与父母或其他人交往时存在沟通障碍；六成以上的中学生因学习压力大而失去自信；随着年龄的增长，青少年的理想信念趋向淡薄，有近五成的大学生对未来感到迷茫；而有超过九成的大学生不反对婚前同居。心理专家指出，中国青少年的心理发育普遍滞后于生理发育，青春期情绪和性观念的变化，以及来自各方面的压力交织在一起，使他们产生诸多心理障碍、沟通障碍及不健康的思想情绪，这些不仅严重影响学习和身心健康，也加剧了他们同家庭成员以及社会成员的矛盾。

习近平总书记指出：青年兴则国家兴，青年强则国家强。“青苹果之家”是全国青少年健康人格工程的重要载体，青少年健康人格工程是旨在帮助青少年儿童解除成长中的困惑，培养良好品德情操、心理素质、行为习惯和社会适应能力，提高综合素质的一项社会性文化育人工程，青少年健康人格工程是由国家人口和计划生育委员会、教育部、中国科学技术协会、中国扶贫开发协会、中国计划生育协会共同组织实施。“青苹果之家”是一个全国性的连锁咨询服务网络，有其审批原则和授牌协议，有统一的建设标准、产品管理、课程设置和师资团队，并有三种模式：社区模式、学校模式和旗舰店模式。目前，苏州市重点打造学校模式，将“青苹果之家”设立在学校内部。苏州市是全国首批18个试点单位之一，也是江苏省唯一一家试点单位。

一、“走进生命的春天——青春健康问号馆”苏州景范中学“青苹果之家”

（一）苏州景范中学“青苹果之家”的策划理念

1. 苏州景范中学“青苹果之家”的由来

近年来，苏州市以科学发展观为统领，紧紧围绕率先基本实现现代化和“三区三城”建设目标，以转变经济发展方式为主线，以富民、惠民、利民为根本要求，全面实施创新引领、开放提升、城乡一体、人才强市、民生优先、可持续发展战略，加快建设新城市、集聚新人才、发展新产业，着力推动经济、政治、文化、社会、生态文明建设和党的建设全面协调发展。

社会经济的高速发展，使得新时期苏州的青少年教育同样出现了新问题，如何让苏州下一代更快乐、更进取、更健康这也是苏州执政者们非常关心重视的问题，苏州一直致力于探索青少年健康方面的路子，此次借国家相关部门正在大力推进建设青少年健康人格工程的东风，苏州市政府选择在景范中学金阊新城校区建设首座青春期健康教育园——青苹果之家，并作为政府的实事工程，具体由苏州市人口计生委牵头，苏州市相关部门如教育局、科协等单位参与，苏州市科普促进中心策划实施，为此，苏州市相关部门专门组织专业人员进京学习国家关于“青苹果之家”建设的要求、标准，同时结合本地情况开发建设出具有鲜明苏州特色的符合本地青春期教育特点的教育园，由此开启了建设苏州市“青苹果之家”的序幕。

2. 苏州景范中学“青苹果之家”起名“走进生命的春天——青春健康问号馆”

（1）以一个孩子的目光看展馆——青春健康问号馆

经过学习考察研讨，相关人员形成了一个新的策划思路：青苹果之家建设是为了培养青少年的健康健全人格，具体就是针对青少年在青春期中的迷惘、烦恼等诸多问题进行释疑解难，那么“提出问题解决问题” 便是青春期健康教育园的核心，也就是我们建匠的总思路。青春期是人生的春天，青春期是充满问号的春天，因此，我们将青春期健康教育园起名为“走进生命的春天——青春健康问号馆”。在具体设计制作风格上，根据当代青少年的特征采用以现代多媒体互动为主旋律的多媒体展厅方式，希望青少年在寓教于乐、轻松活泼的氛围中认识自己并得到一些收获、答案和启迪；同时也能让参观该园的学生家长及其他访问者补上性教育这一课，从而更好地理解、教育、帮助青少年珍惜青春年华，顺利走过人生花季，奔向美好未来。

“青春健康问号馆”把“提出问题解决问题”确定为青春期健康教育园建园的总思路，那么“问题”谁来提？“解决问题”由谁为答？景范中学为筹建“青苹果之家”特意进行了一次大规模的问卷调查，最终从问卷中提炼出青少年最为关注的八大疑惑，并将其做成了一条“问题长廊”，例如：受到侮辱时应如何处理？对异性有好感怎么办？青春期如何控制性冲动？如何应对父母的唠叨和无微不至的关心？等等。这些问题完全出自学生之口，具有真实性和代表性。

教育馆通过漫画提出青春期的困惑并解答；用投影图像展示青春期男女生理变化，以模型揭示人胚胎发育过程；借助多媒体介绍男女生青春期保健、交往等内容。

（2）充满乐趣的展馆布局

景范中学的“青苹果之家”采用廊室结构，由青春长廊把心灵花园和青春健康问号馆连接起来。在装饰方面融入苏州千年文化底蕴，将昆剧、评弹、园林、水乡、刺绣、雕刻、美食等苏州元素以及娱乐功能通过现代科技手段和青春期健康教育完美融合。“心灵花园”是心理咨询区域，设有三个心理咨询室，依次为心理测试、心理治疗室和放松室。放松室里有休闲的放松椅可以缓解紧张情绪，同时也是心理老师和学生进行个别交流的空间。在“青春长廊”学生们可以摆放自己制作的手工作品、喜爱的书籍和绿色植物，在交流知识和照料植物的过程中分享快乐。“青春健康问号馆”是一个青春期健康教育的大课堂。在经过涂鸦墙、靓照拍拍和问题墙等环节之后，渐渐指引入“青春健康问号馆”，以“生命从这里开始”“生命中不能承受之险”“以健康的心灵面向世界”“迎接青春的到来”四个部分为主题，运用大讲堂、影音堂（运用环幕影院技术，集授课、影音于一体）、互动查询多媒体（将青春健康知识融入游戏互动之中）对性生理与性心理进行坦诚剖析，对各种思想问题进行释疑解惑；最后

通过一台多媒体留言机将学生的疑惑直接反馈到心理老师那里。这三大区域相辅相成,有机结合,同时在色彩上也选用了充满生命力的绿色,为青少年健康人格的养成提供了有力的保证。

(3) 处处洋溢着文化气息

有国外媒体评价中国,说经过改革开放30年,中国经济总量跃居世界第二,成了世界上的一个大国,但中国还不是强国,强国和大国的本质区别在于国民素质,有感于此,注重让青少年在文化修养的氛围里耳濡目染也是这个馆的设计特点之一,在这里参与者不仅能欣赏到达·芬奇的大作《蒙娜丽莎的微笑》,米开朗琪罗的雕塑代表作《大卫》,罗丹的《沉思者》,以及优雅的断臂维纳斯,还能看到擅于描写少年青春情怀的诗人徐志摩的《雪花的快乐》,从毛泽东表达远大理想的《沁园春·雪》中获得励志的教益。

3. “激扬青春、动感花季”——多媒体让科普馆动起来

苏州景范中学“青苹果之家”的特点就是符合当代青少年特点的多媒体,让我们来看看场馆里有哪些好玩的多媒体吧。连连看、跳舞机、大头照、问题抢答……对中学生来说,这里简直是个游乐场,在这里孩子们玩玩游戏就可以获得青春期健康知识,心里埋藏着的种种困惑也能在这里找到答案。

二、“让我们更健康更高尚”——“青苹果之家”成为学生家长快乐之家

(一) 高使用率使“青苹果之家”真正服务于青少年

自“青苹果之家”开放使用以来,学校充分利用这一资源开展了一系列丰富多彩的活动,让学生真正成为这里的主人,同时也使“青苹果之家”成为学生的快乐之家。学校开展了“青春风铃——中学生团体心理辅导”,由心理老师带领大家在“青春健康问号馆”学习青春期健康知识,了解自己。学校还利用班会课的时间开展青春期教育。同学们特别喜欢“青苹果之家”,经常三五成群地在青春长廊上看书、聊天、精心照料植物,在涂鸦墙上图画心情,当压力较大的时候,也会主动找心理老师交流或询问。目前,苏州市教育主管部门统筹全市一些中小学校将生理健康教育课程安排在景范中学“青苹果之家”进行,不但丰富了学生上课的内容形式,更使“青苹果之家”的使用率大大提高,使社会资源得到了最大限度的发挥。

(二) 全社会更关注青少年的健康成长

在互联网百度上搜索苏州景范中学“青苹果之家”可以找到包括人民网、中国文明网等各大媒体报道苏州景范中学“青苹果之家”的相关信息结果约

1300条。苏州景范中学“青苹果之家”一经开放，就备受瞩目。2011年11月20日，由当地重要媒体姑苏晚报组织的“小开心、大发现”活动就走进景范中学的“青苹果之家”探索生命的奥秘。前来参观的来自苏州市实验小学等学校的学生们在这里流连忘返，收获很多。苏州电视台专题拍摄了在“青春健康问号馆”开展的一次心理活动课。自景范中学“青苹果之家”于2011年8月底落成揭幕以来，多家媒体争相报道，苏州新闻频道对人口计生部门进行了专题采访报道，社会反响效果良好。国家人口计生宣教中心主任张汉湘亲自为场馆授牌，国家有关教育、科技、科协、卫计委等部门及苏州市委市政府四套班子的领导都相继莅临视察，并对该项目予以了充分肯定。同时，场馆也接待了兄弟省（市）卫计委、宣传、科协、教育等部门上百次的参观。全苏州市共有10000多名中小学生到这里进行了参观学习。

相信社会各界的关注将使“青苹果之家”的明天会更好，也将促进社会各界更多地关注青少年的健康成长。

（本文作者系潘宏宾）

文化产业新亮点　转型升级展雄姿：在保护与传承中创新和发展的『香山工坊』

著名的史树青、罗哲文、吕济民、刘建业四位大师于 2002 年 12 月曾写道：苏州西部山区深邃的文化底蕴与秀丽的自然风光，在国内堪称首屈一指，在世界也是极为罕见的。这里是“春秋吴都古城遗址”、孙武隐居并著出《孙子兵法》之处、东汉名臣朱买臣发愤成才之乡，北宋范仲淹与范成大在这里走向中国政治舞台，明初北京紫禁城的总设计师（香山帮建筑泰斗）蒯祥的出生地……目下的“香山工坊”就是镶嵌在其中的一颗明珠。

众所周知，中国古典园林体系作为世界三大古典园林体系之一而享誉全球，而苏州古典园林是中国古典园林体系中的明珠和奇葩，其造园手法独特，文化底蕴深厚，为国之瑰宝，蜚声海内外。苏州古典园林的始建时间可以追溯到公元前 6 世纪，在 16 至 18 世纪全盛时，古城内外多达 200 余处园林，至今保存完好的尚存 60 余处，它们都是中国江南园林风格的杰出代表。苏州园林“虽由人作，宛自天开”，它以其古、秀、精、雅而享有“江南园林甲天下，苏州园林甲江南”之美誉，是苏州独有的旅游资源。而苏州香山帮工匠是苏州古典园林的主要建造者，尤其是改革开放以来，香山帮工匠从古典园林到民间宅第、宫殿帝陵、寺庙道观，承建了许多大型古建项目，营造了无数令人叹为观止的杰出作品：国内有大庆市的庆谐园和龙凤公园、齐齐哈尔的万寿寺和龙沙公园澄江阁、抚顺市的园中园和高而山公园，南京的夫子庙、鸡鸣寺塔、朝天宫大成门，北京的陶然亭等；跨出国门的香山帮工匠还在异国他乡建造起一座座苏州园林风格的中国园林和中国古典建筑，诸如加拿大温哥华的逸园、美国大都会艺术博物馆的中国庭园、澳大利亚墨尔本的南京朝天宫、歇普敦的江南园林、新加坡唐城、德国潜园、日本池田齐芳亭、鹤岗太湖石峰等，这些作品使“香山帮”建筑艺术全面地展示在世人面前，获得了世界各国的关注和赞誉。2009 年 9 月 30 日，香山帮传统建筑营造技艺的木作部分随“中华传统木结构”项目一起被列入联合国《人类非物质文化遗产项目保护名录》，由此，香山帮传统建筑营造技艺实现了华丽升级，一跃而成为世界级文化遗产。国家文化部产业司李小磊副司长先后三次来到香山里项目进行考察，要求抓住机遇，将这样美丽的项目和美丽的地方相结合，及早形成文化产业新亮点。江苏省副省长何权寄语希望香山里走好校企结合之路，将新技术转化为企业生产力，促进传统企业的转型升级。

在各级领导，特别是两院院士、原国家建设部副部长周干峙，中国文物学会会长、国家文物局古建筑专家组组长罗哲文，中国文物局原局长、北京故宫博物院原院长吕济民等专家的亲临指导下，苏州“香山工坊”建设投资发展有限公司董事长冯晓东、总经理许建华带领一班精兵强将历经六年的奋发努力，创办了中国古建园林文化创意产业集聚基地——“香山工坊”。如今这个占地380亩、总投资约16亿元的中国绿色古建产业基地、首席园林式软装家饰艺库已经落成开业。“香山工坊”将文化遗产保护与发展、文化资源传承与利用相结合，在建筑材料、产品定制、模式输出三方面大胆创新，顺应了产业转型升级的时代要求，成为中国建筑延续古风、展现新貌的建设栋梁。浸染苏州精艺，渗透江南文脉，古朴幽雅、神妙奥秘、简约而经典、时尚而艺术的“香山工坊”，成为植根长三角、面向国内外的文化创意产业新亮点。

从传统材料迈向创新材料的转型升级

世界上没有哪一个民族的建筑文化像中国的建筑文化这样具有久远的亲木文化情结，它自成体系，形成了固有的艺术风格与构造特征，包括完整的木架构体系，三段式的外观特征，群体组合的配置形式，均衡对称的布局原则，优美动人的构件造型，装饰色彩与等级的紧密结合等。蒯祥是“香山帮”建筑工匠中的泰斗，直到晚清时，仍流传着“江南木工巧匠皆出香山”之说。

“香山帮”源于春秋，形成于唐宋，盛行于明清。香山，是苏州太湖之滨的一个地名，旧属木渎，据《木渎小志》记载：“昔吴王种香草于此，遣西施及美人采之故名。”其面积约40平方公里，有百余座村庄。春秋时吴王曾在此设立离宫——南宫。香山匠人的祖先利用本地的“百石之祖”——金山石、太湖石、澄泥石建造春秋时的吴国宫城、姑苏台、馆娃宫。苏州佛道文化盛行后，“南朝四百八十寺，多少楼台烟雨中”，又从另一个层面促进了香山帮营造技艺的发展，特别是明代初期，蒯祥在主持建造北京皇家宫殿的工作中，带领众多“香山帮”工匠，运用高超的营造技艺，采用苏州彩画技艺以及琉璃金砖等材质，使殿堂楼阁显得富丽堂皇，大大丰富了“香山帮传统建筑营造技艺”的内涵。在千万幢楼宇的建造中，“香山帮”逐步形成了一支庞大的以木匠领衔，集泥水匠、漆匠、堆灰匠、雕塑匠、叠山匠、石匠、彩绘匠等古典建筑工种于一体的“苏派建筑”——工匠群体，并以其精湛的建筑作品在中华建筑史上留下了光辉的篇章。

那么，在新形势下如何保护发展“香山帮传统建筑营造技艺”这份世界级

非物质文化遗产呢？从实证科学的角度来说，一种文明的传承一定要以具体的形象为载体表现出来。2006年，苏州“香山工坊”建设投资发展有限公司以具体的形象——“香山工坊”为载体，用“生产性保护”来传承发展。这既是一大创造，又是“香山工坊”的根本意义所在。

面对节能环保、绿色生态的硬指标，既要保持传统的砖木结构，又要克服木结构易燃、易腐、承重不足的弱点，作为一个古建企业又如何与时俱进、建设美丽中国？对此，苏州“香山工坊”建设投资发展有限公司董事长冯晓东抱着坚定的信念：“要突破传统建筑既往模式的瓶颈制约，必须把高科技、新材料引入房屋建设中，适应生态文明绿色建筑的发展大趋势。”“产品有了含金量，就能做别人做不了的东西。”古建大师罗哲文的弟子、公司总经理许建华说得好：“从建筑理念上看，我们现代提倡的绿色、环保、低碳等生态概念与香山帮建筑技艺基本相一致，在地震等自然灾害面前，人们重新认识了木结构的优越性，砖木结构正是香山帮建筑的特点，我们在这方面有着丰富的经验和成熟的技能……我们在保护传承中最大的困难是原材料的缺乏和后继人才的培养。材料少必然导致成本增加，许多工艺门类就因为没有原料而导致工艺失传。创新是一种最好的保护，对于香山帮建筑技艺的提升，我们主要致力于材料技术、教育培训与市场的运营工作。”

一、大力发展现代新型木结构技术

现代新型木结构，尤其是现代重型木结构是由规格木板胶合组成，它可以用次生和三生树林、人造林的小树制造成大型胶合构件，不但体现了“生态节能”的环保价值，而且承重大，可以用于大型体育场馆、学校礼堂、大型休闲会所和旅游景观建设。“香山工坊”与南京工业大学联合创新并聚集多位院士与著名建筑工程专家建立了工作站，还聘请了美国、加拿大、日本等国家与地区现代木结构专家组成了专门研究机构，使现代新型木结构技术开发取得了重大突破，并达到了国际先进水平——变废为宝、小材大用、建设周期短、可移动性强、保温节能、防火防潮，隔绝噪音、抗震抗风、舒适美观、持久耐用；具有更高的强度和刚度，若重量相同，它的强度要高于钢材；它只需使用极小的中间支撑，便能实现更大的跨度，成为钢筋混凝土的有效替代性材料。

为实践开发重型木结构产品，“香山工坊”在基地内自行研发了以重型胶合材料为组合的“香山帮技艺体验馆”，在跨度、承重、防腐等方面均超越了传统木材的极限。营造公司建造的江苏最大跨度的重型木结构曲梁门架建筑，其材料、设计与结构方面获得多项专利成果认定，并先后在北京、南京等城市景点项目中得到了广泛运用。

凭借高新的科技、优质的材料，“香山工坊”承接了胥江木结构景观桥。该桥全长120米，设计主跨度达75.7米，宽度6米，是国内跨度最大的一座拱式木结构桥，也是目前世界单孔跨度最大的现代木结构拱桥。为确保该桥达到安全一级和环境类别一类等高标准的质量要求，专门组建了研发中心和材料加工基地，攻克十余项技术难关，形成了设计、研发、加工、安装等科学程序，仅在桥梁技术上就有10多个专利产生。该桥建成后不仅适合苏州地区的基础条件，还极大地满足了文化景区功能的要求，使十八大“推进生态文明，建设美丽中国”的战略要求落到了实处，成为苏州吴中5A级景区的一大亮点。

“香山工坊”还先后参与了苏州重元寺、苏州环古城景区、泰州华侨城等工程以及上海世博会苏州馆、南京紫金绿幕大门、无锡映月湖中央公园、南京森林摩尔现代木结构群等近40项重大工程的建设。“香山工坊”参与的江苏省工程建设标准《复合型木结构技术规范》《增强型胶合木》《胶合木结构构件用木质复合层板》《木结构剪力墙静载和循环倾向载荷试验方法》等四项国家标准均已立项、公示。

近年来，“香山工坊”申报科技专利20余项，品牌效益十分显著。在2010年上海世博会期间，“香山工坊”的展厅成为世博会上一道亮丽的风景，他们把“我们建筑了北京故宫，我们修缮了西藏布达拉宫，我们把中国园林推广到全世界！”标在了醒目的位置，包括发送的包装袋都印上了这句话，这标示着“香山工坊”正引领着现代古建的时尚与潮流。

“香山工坊”坚持绿色建筑与古建文化相结合、传统与现代相交融的经营理念，被国务院认定为国家级非物质文化遗产项目——“香山帮传统营造技艺”的责任保护单位。

建筑是立体的画、凝固的诗。位于苏州西南旺山脚下的耕岛是通过新农村改造后形成的一处4A级生态休闲与旅游景区，“香山工坊”十分重视承接耕岛休闲景观建筑项目。如果按照常规的建筑要求来实施，必然会形成与整体生态休闲景区不和谐的格局。为此，他们对景区原民居的木结构材料专门进行了研究，拿出对策方案，组织科技攻关，采用了以中国传统的梁架形式、轻型木结构与砖瓦混合等多种类型进行实验性的建造，最终开发出了与自然环境相融合的具有生态文明与现代特色的休闲度假建筑样式，让人一经踏入便感觉到舒适、温馨而富有诗意。

使用轻型木结构材料建造的景观和休闲建筑不仅突出了绿色环保、低碳节能的生态特性，又具有防震性能高、耐久性强、满足现代功能要求的特点，与耕岛自然生态十分融合，成为苏州新农村建设的具有代表性的低碳、环保、生态居所的旅游度假区。这一新技术开发的成功，既打破了原传统木结构建房中存在的结构难以安装、拼接的局限性，又消除了易燃、易腐等隐患，使外部与内部都保持了原有质地。工程在竣工交付后很快受到全国各地生态景区的瞩目，这一新工艺也先后在南京、姜堰、湖南阳明山等地得到广泛应用。

科学无止境，实践出真知。“香山工坊”在建设园林古建风格的商业住宅区、高档别墅以及传统控保建筑的再修复中，又大力推进“绿色建筑系列”——绿色门窗，成功研发了防火、防腐的“纯实木仿古门窗”。该门窗抗风压性、气密性、水密性、保温性都达到了国家先进标准，既符合仿古建筑的外观气质，又适应了现代生活和装饰的功能要求，深受市场的欢迎。“香山工坊”投入1600万元建立的工程技术开发研究中心形成了年产逾5亿元规模的生产能力，成为苏州建筑工业的一个样板基地。

二、聚才育才——“三招”人才发展战略

“香山工坊”推进高科技开发年年有突破，究其原因：公司采取了“三招”人才发展战略，迅速形成了高端人才研发团队。

第一招：基地从东南大学、同济大学、南京工业大学、香港大学、东京大学等国内外名校引进木结构工程、树料学、建筑设计、工程力学等专业的8名博士、2名硕士，组成了科技研发的精英团队，还与吕志涛、张齐生、沈世钊、魏敦山等多名院士签订协议，在“香山工坊”设立“院士工作站”、大师工作室、新材料研发中心、绿色高性能木结构工程技术中心以及材料结构检测中心，使科研与实践融为一体，确保科技成果能够得到及时转化和运用。

第二招：建立古建企业总部基地，搭建香山帮传承人才平台，积极集聚香山帮建筑工匠。目前，已有国家级和省市级非物质文化遗产继承人薛福鑫、陆耀祖、杨根兴等为核心的20多位香山帮技艺传人以及100多名香山工匠相继来公司参与古建项目的建设。原海军装备部部长、北京郑和与海洋文化研究会名誉理事长郑明，中国城市规划院院士工作室副主任王庆，中国艺术研究院建筑历史与文化研究所所长刘托等领导、专家特意前来传经送宝。

第三招：公司创办了“香山职业培训学校”，每年为企业、院校及社会各类

培训机构培养一批社会紧缺、古建队伍急需的高技能人才。自2010年以来，培训学校已开设了古建筑专业（木工、瓦工、油漆、假山、泥塑、木雕、砖雕、砖细、彩绘、石雕、砌街）与园林绿化专业（花卉工、植保工、育苗工、盆景工、绿化工）技术培训，内含初级工、中级工、高级工、技师、高级技师等的培训。实现了多方人才的组合，构筑了人才高地，助推了企业的集约化、规模化和产业化优势。2010年，“香山工坊”参与建造的上海世博会苏州主题馆获评优秀奖。

世界的发展离不开科技的进步，科技的进步离不开人才的培养。我国著名建筑学家、中国科学院院士、中国工程院院士吴良镛曾就推进我国城镇化提出了要重视建筑领军人才培养以及城市总建筑师、总规划师、总设计师队伍建设的建议。我们必须抓紧培养一大批潜心科学研究的“安、专、迷”人才。以冯晓东为首创立的“香山工坊”园林古建文化产业集聚区是以保护和传承“香山帮传统建筑营造技艺”为宗旨的园林古建产业集聚区，它以全新的运作模式和齐全的配套优势，在全国园林古建行业产生了广泛的影响力。基地在2009年至2012年连续被列入苏州市文化产业重点工程项目，获得了“苏州市特色产业基地”“苏州市非物质文化遗产优秀保护示范基地”“中国文化遗产保护与传承典范单位”等多项荣誉。冯晓东由于在古建方面的突出贡献，于2012年荣获苏州“文化创业重点人才”称号，并被选为苏州市文化创意产业联合会副会长。

为总结交流经验，繁荣学术研究，“香山工坊”这几年陆续编撰和整理出版了《苏州古典园林营造录》《园踪》《苏州香山帮建筑》《古建筑装折》《古建筑工艺系列丛书》《古建筑技师职业资格鉴定规范》《承香录：香山帮营造技艺实录》《融境问道》等10部书籍，这些专业性书籍不断推动着古建实践的发展。

从古建工程营造迈向文化产品定制的转型升级

一、弘扬定制文化，发展定制产业

苏州“香山工坊”建设投资发展有限公司董事长冯晓东与总经理许建华在他俩合作发表的《“香山工坊”对非物质文化遗产保护的探索之路》论文中明晰地表示：随着人民文化生活水平的提高和旅游观光需求的增长，文物景区和历史文化遗产景区的游客大幅攀升，部分景区已经达到超负荷的承载状态，这对于文物古迹和历史遗产的保护已产生很多负面的影响。因此，近年来，我国

的仿古建筑和仿古园林工程迅速发展，分流了游客，减轻了文物景区的压力。随着科学技术的发展，为提高民众的幸福生活指数、满足文化旅游景观与新农村、新社区建设的需要，“香山工坊”利用“香山工坊”古建新材料研发中心开发了定制产品。

定制产业有着悠久的历史和一套独特的逻辑与内在规律。对于中国来说，今天的定制产业形态和消费模式并非天外来物。一是以工业化成品为主导的消费模式在中国取得绝对优势地位充其量不过60来年，在此之前，定制化消费是一种常态，只是近几十年，有些人将之遗忘了。今天，它以快速发展的势头回归到我们的生活当中。二是商业化经营模式几乎是品牌能否叫得响的关键。“定制”是一种产业尺度，显示出科学与严谨，代表了产业链中的顶级水平，它能覆盖人类能够驾驭的所有行业，其产业标准是行业顶礼膜拜的标杆，引领着整个商业市场和产业未来发展的节奏与方向。我国当下正致力于从“中国制造”向“中国创造”转变，定制文化的发展，必将推动中国文化创意产业的繁荣，促进高技术附加值发展模式的提升。

“香山工坊”古建新材料研发中心就是致力于中国古建筑及其建筑材料的发展创新。他们在实践中深感，就技艺而言，它离不开材料、工具等物质要素；当今社会的这些物质要素正在不断变化，传统技艺为了适应这些物质因素而发生裂变，使非物质遗产的延续产生困难。为此，“香山工坊”首先从材料等物质因素入手，建立“香山工坊”古建新材料研发基地，给非物质的技艺传承发展提供物质上的保障。

手有精艺，志存高远。“香山工坊”传统的园林古建产业在得以保持中华木构建筑精华的同时，走上了园林古建元素的产品化、商品化、标准化之路。古建工程建的不仅是楼宇，而将其看作一种文化产品，结合家饰软装、传承传播绿色生活方式的可移动、可复制的文化产品。这种园林文化产品，可外地定制，在苏州完成设计、预制、规模化生产，再运往所需地集成安装、落成，也可以在海外建立生产基地。由此，“香山工坊”走向了海内外更广阔的市场。中国梦，梦世界——企业的企盼！

“工坊”通过整合（科、研、院、所、产、供、销），形成了比较完整的园林古建产业链，已经建成集设计与营造、材料与制作、展示与销售、推介与游览等为一体的生产性服务平台，将香山帮庞大的多工种群体和多种建筑元素科学地组成为一个系统的有机整体，内有核心层、紧密层、半紧密层、外围松散层，统一

经营理念，掌控质量标准，联合攻关创新，大大降低了分散经营、单打独斗的机会成本，激发了内在的动力与活力，提高了“香山工坊”的规模效应与核心竞争力。“香山工坊”以其产品门类齐全、透明的经营方式、直观的产品介绍、前店后坊的经营模式、企业的品牌效应，增加了顾客对产品全方位的选择空间，赢得了顾客的一致好评，加快了“香山工坊”产品在国内外推广扩张的进程，提高了产(企)业发展壮大的机遇，不仅为建设美丽中国做出了实实在在的贡献，还将绿色古建、中国园林布局“随意自然的风格”传播到了世界各地。

二、配套成龙，创办“香山里艺库”

“香山工坊”在保护、传承、发展高品质“定制产品”打造古建工程的同时，将视野拓展到软装配饰衍生品的定制上，以“文化创意设计产业的集聚、协同、创新”为导向的工艺、文化类产品以及知识产权的交易平台——“香山里艺库”也就应运而生。

“软装饰”是相对于建筑本身的硬结构空间提出来的，是建筑视觉空间的延伸和发展。“软装饰”置于室内环境，犹如公园里的花草树木、山、石、小溪、曲径、水榭，是赋予室内空间生机与精神价值的重要元素，是一门研究建筑内部艺术效果的大众学科，远古祖先就曾用磨制的石珠、兽皮、鲜花等装饰洞穴。它随着现代工业文明的迅速发展而发展，并随着社会审美意识的普遍觉醒而壮大。现代科技的发展，城市钢筋混凝土建筑群的耸立，大片的玻璃幕墙，光滑的金属材料……凡此种种构成了冷硬、沉闷的空间，使人愈发不能轻松喘息，人们企盼着悠闲的自然境界，强烈地寻求个性的舒展。“软装饰”对现代室内空间设计起到了烘托室内气氛、创造二次空间、营造层次意境、强化室内环境风格、调节环境色彩、反映民族特色，陶冶个人情操等作用，居住者可以以此来表现自己独特的品位和生活情调，冲淡和柔化工业文明带来的冷酷感，使空间充满柔和与生机、亲切和活力，并抚慰自身的情感。

“香山工坊”创办的中国首席园林式软装家饰艺库，包括了艺术街区、文化院落、创作工坊、艺术展馆、室内剧场、艺术会所、个性奢品会所等等，涵盖了创意设计、传统工艺、科研转化、文化旅游、艺术教育、艺术展览、休闲购物等七大产业门类。A 馆为家饰软装艺库，B 馆以传统工艺更新和民间艺术振兴为主题，C 馆为自主品牌专营店集群，大师馆汇集了香山帮大师、中国工艺美术大师、中国当代艺术家、海外艺术设计大师等工作室，成为苏州文化创意产业的新载体和时尚生活的新园地。

该“艺库”的风格是以其古典中式与现代西式的混搭美学，展现出独特的建筑视觉魅力与空间情境。笔者在现场了解到，该“艺库”已经将香山帮传统建筑技艺文化资源、中国家居软装设计产业资源、中国美术学院、清华大学美术学院、苏州工艺美院、美国乔治·华盛顿大学、英国苏富比艺术学院等高校学术资源，建筑设计、景观设计、室内设计、工业设计、平面设计等现代设计与传统工艺美术资源，以及非物质文化遗产保护传播中心与现代木结构技艺研发中心（院士工作站）等文化研究资源进行了协同整合。在这里，一个产业交融、学术交流、思想交锋、原创市场化、创新协同化的中外艺术智库已经浮出水面，其中15000平方米的A馆已建成并于2013年12月开始正式运营，其中不乏世界家饰500强，国内外36个著名品牌，海纳全球品牌花艺、装饰画、蜡艺、香薰、树脂、陶瓷、餐具、茶具、布艺、铁艺、灯饰、家具等门类，厂家直销。A馆汇集中西方古典、现代、田园、美式、地中海、巴洛克、东南亚等风格……商家林立，成为汇聚各种工艺品、艺术品、创意产业和设计艺术的宝库、设计师软装采购的天堂。如国际知名品牌“酷坦哥”在艺库设立了近3000平方米的“软装馆”，还常年派驻设计师，为客户进行量身定制创意软装设计。来自世界各地不同风格的家居饰品，琳琅满目，令人仿佛置身于万国家居艺术馆。

整个项目建设完成后，香山里艺库建筑总面积将达12万平方米，“香山工坊”因其国内外著名软装设计品牌的加盟而焕然蝶变，届时将成为真正的“中国艺库”——突出创意设计的原创性和唯一性。艺库所倡导的设计文化与产品，将引导着一种全新的消费模式——悄然改变人们的消费习惯——从产品消费和功能消费到今天的文化、品位、生活方式（文化价值）的消费，并以消费文化和生活方式带动整体消费。特别令来访者惊叹的是，这座艺库被打造成了一座来了就不想走的园林式情感“天国”。

2011年2月，“香山里艺库”与中国最具代表性的家居软装杂志《软装世界》全面广告推广合作；2011年3月与UBMA LIVE（英国最大家居展主办机构）及与Channeis Exhibition（中东最大规模展览主办机构之一）分别缔约合作，参展中东阿比扎比国际家具及家居饰品展、南非约翰内斯堡家居装饰设计展、中东迪拜家居及室内装饰展。目前，艺库还在筹划苏州工艺美院师作展、美国Project One Design设计公司、酷坦哥艺廊等机构与50余家创意家饰软装品牌展。“香山里艺库”高起点规划，高标准建设，在绿色生态的底色上，遨游在市场经济的海洋中，已经展露出独有特色、整体形象、高品位创新产品，必将成为引领当代生活方式的文化地标。

从输出产品迈向输出经营模式的转型升级

模式决定价值，机制决定效率。经营模式是根据企业的经营宗旨，为实现企业所确认的价值定位所采取的某一类方式方法的总称。其中包括企业为实现价值定位所规定的业务范围，企业在产业链的位置，以及在这样的定位下实现价值的方式和方法。说到底，企业的经营模式，实际上就是企业赚钱的方式——企业如何将自己所有的人力、物力、财力等资源有效组合，从而使得企业价值不断增长，以达到赢利的目的。

“香山工坊”利用自己的金字招牌与雄厚的经济实力，在国内外产生了巨大的辐射和带动作用，成为加速企业转型升级、推动产业集群发展、提升企业核心竞争力的主要抓手。在他们的产业链中，有各种不同的组合：销售型、生产代工型、设计型、销售 + 设计型、生产 + 销售型、设计 + 生产型、设计 + 生产 + 销售（全方位）型、信息服务 + 休闲观赏度假型。从单纯的“项目化运作”向“市场运营”转变，不断提高着自身在海内外经营的能力，闯出了一条从“借船出海”到“造船出海”的新航线。其经营模式 = 绿色发展的经营理念 + 政、金（融）、企、产、学、研的新型协同创新体 + 系统的组织结构 + 传承发展的营造技艺。绿色底蕴，美在内涵；优美宜居，永续发展。自 2006 年发展至今，“香山工坊”并非定位于传统意义上的园林企业或建筑公司，也不再拘泥于古建的文化产业园，而是将涉及园林建筑的基本元素进行整合与推广的集聚基地和运营平台。

一、传承创新，凝入姑苏繁华图

秉承“道器相融，传承创新”的理念，这里有“香山工坊”建设投资发展有限公司、“香山工坊”置业有限公司、“香山工坊”营造工程有限公司、苏州耕岛生态旅游发展有限公司、苏州东方景深策划设计有限公司、苏州景原工程设计咨询监理有限公司、香山职业培训学校等 20 余家龙头企（事）业单位，涵盖策划投资、设计营造监理、新材料研发、院校技艺培训、《景原》学刊、品牌运营、文化艺术商贸、旅游休闲度假等多元领域；有综合性的“香山古建筑博物馆”“园林文化家居艺术体验城”与数百家品牌商户；有古色古香的文化观光旅游区与百鸟争鸣、彩蝶共舞的超五星香山里精品酒店；有“博雅汇”企业会所，坐而论

道；有园林空中宅院，诗意的栖居……可谓“踏入工坊，应有尽有”。一座风情小镇，蕴藏一城文化、一城艺术、一城繁华。

主人无俗态，筑圃见文心；一座“承香堂”，万般苏作艺；觅主无从入，只有走曲廊。近年竣工、坐落在基地最显要位置的经典之作——“承香堂”是一座鸳鸯厅形式的仿古厅堂，她以拙政园的“远香堂”、留园的“林泉耆硕之馆”和南半园的“半园草堂”等典型的厅堂为设计参照物，因地制宜，糅合了香山帮各大技艺工种，包括大木、小木、瓦工、砖细、石雕、铺地等工艺。在建造过程中共有200位香山帮工匠参与建设，其中，被国家和省、市各级认定的技艺代表性传承人有21位。整个建筑无钢筋水泥、无现代型材、无电动工具的使用，做到原汁原味地再现传统工艺流程，施工过程中还将一些传统习俗和传统仪式进行再现。若干年后还可以仿照日本宫殿建筑的“移宫”形式，由香山帮以后的技艺传承者将该建筑拆除后再异地重建。董事长冯晓东表示：“拆除后的部分构件可以放入香山帮技艺博物馆进行永久展示，新建的‘承香堂’又可获得一次完整的技艺历史回顾过程，看看一段时间后，香山帮的技艺传承了哪些，失落了哪些，又发展更新了哪些，以此往复，‘承香堂’作为香山帮的经典案例将不断在重建中得到永恒。”其要旨乃：承古人之雅蕴，续香脉而光大。对此，东南大学朱光亚教授作诗贺曰：“吴中工巧世无双，鲁班之后蒯侍郎。古今上下开混沌，寸尺运筹定短长。道器相融夺天工，传承积蓄赖弘扬。承香堂里乾坤大，我祝香山更辉煌。”今天的香山帮传统营造技艺又一次向世人展示了它的魅力。

古建大师罗哲文先生曾在承香堂奠基仪式上指出：“‘道器殊途，重仕轻匠’是继承和发展传统建筑技艺的大害，理论和实践相结合才能使传统技术得以传承并获得发展。承香堂的建造是在当代科技发展环境下，由香山帮的传人们用传统技艺打造的仿古建筑，有很多年轻的设计师、现场技术人员都参与进来，这是很好的现象，承香堂因此而意义重大。”气宇超凡、工艺精湛的“承香堂”得到了国家和省市有关领导的高度评价。

二、转型升级，经营模式输出

“香山工坊”输出的不仅是产品、品牌，更重要的是比较完整的创新经营模式，它涉及服务营销的标准化定制、知识资产的复制、利用，对方经营场所的环境、气氛要求等众多隐形营造技艺。基地“一班人”以现场保市场，将“诚信创新，永争一流”的企业精神和“精细高效，唯实唯美”的企业作风体现到每一名员工的工作实践中。正如公司总经理许建华所说：我们在各地干了这么多项目，没有哪一个项目业主不赞赏的。能取得这样的成绩，概括来说，主要靠两个支撑点：一是不断创新，强化核心竞争力，奠定自身在消费者心目中无可替代的强势形象；二是延伸品牌，最大限度地挖掘品牌的价值。“香山工坊”经营模式的对外输出，正是在高科技打造高质量产品的基础之上，实现其品牌增值的创新转型。有了技术的支撑，有了品牌的保证，客户没有理由不信任。市场是企业发展的关键，这正是“香山工坊”实现可持续发展的核心所在。

目前，“香山工坊”的经营模式已在南京、黑龙江、陕西、广西等地成功地进行了复制输出，并已初具规模。东北的专家来“香山工坊”实地考察后，认为他们要打造的就是类似“香山工坊”这样的有机体，希望能够合作，在牡丹江旁建一个宁古塔文化风情园，将满族的建筑、历史、文化和满族人的生活与旅游价值结合起来。面对特定的顾客、特定的人文地理区域要求，“香山工坊”团队采用目标聚集模式，全力以赴。

形象就是品牌，形象就是资本。最近，“香山工坊”与南京市城建集团合作，将建设南京市城南改造修复的“江南十二坊”项目；与陕西文化产业投资控股(集团)有限公司合作，将开展陕西省的文物修复、文化旅游项目的运营，一批苏式古典建筑项目将在西安市、汉中市等地兴建；与黑龙江省政府合作，将在镜泊湖畔的宁安市异地重建渤海王国的王宫、修复望江楼、实施城区古民居古建筑修复保护工程等。此外，还将与黑龙江省政府联合投资，开发建设鸡鸣山文化主题公园、玄武湖风情园、唐代影视城基地等东北黑土地文化旅游项目。在广西，占地5000亩的南宁社会主义新农村示范区项目已达成合作意向，这一以耕岛为品牌的休闲会所集聚区将由“香山工坊”负责规划设计与开发。

从古建产品的输出到经营模式的输出，不变的是“香山工坊”的建筑魅力和“以人为本”的服务理念。文化企业要做大做强、推动品牌向纵深发展、赢得可持续发展的动力与资金源泉，一个重要的手段就是开展多元化经营，建构价值链，实现 $1+1>2$ 的经济效益。“香山工坊”正是集设计与营造、材料与制作、展示与销售、推介与游览等为一体，成功地将品牌延伸、推向了世界各地。

只有企业的转型升级才能带动经济的转型升级，只有企业生机勃勃国家才能兴旺发达。“香山工坊”产业基地已带动古建企业创造销售收入逾15亿元，创造就业机会2000多个。全面建成后，年销售收入将达50亿元，新增就业

5000 人,必将推动区域经济的大发展。可以说香山帮营造技艺在结合了现代技术之后,以崭新的面貌对外输出苏州元素乃至中国文化,实现了经济效益和社会效益的双丰收。正如美国盖蒂博物馆现任董事长菲利普·蒙特白在一封来信中所说:“(明轩)工艺质量,达到了值得博物馆和您的政府今后自豪的标准。”可以说,“香山工坊”向世界呈现了一个真实的中国,并成为中西文化交流的载体。

雄关漫道真如铁,而今迈步从头越。过去几十年,中国人以扎实的苦干和不懈的创新实现了举世瞩目的飞速发展,今天,站在更高的发展平台上,以同样的勇气和实干推动绿色发展,我们定能逾越环境生态的瓶颈,走出转型升级的发展新路。作为“中国梦”的绿色底蕴,“美丽中国”的愿景随着生态文明的推进必将大放异彩。“香山工坊”理念创新、体制机制创新、形式方式创新,顺应人民群众对优美宜居的期待——利用山水草木、传统技艺、现代科技,在城乡间营造出一种优美和谐的人文环境,备受海内外的喜爱。它属于中国,亦属于世界!

打破思维定势，构建文化空间：苏州水空间的文化意蕴与旅游网络体系构建

长期以来，人类的居住模式是滨水而居，各具特色的地域文化也大都印上了水的痕迹。作为一座典型的因水而生、因水而长的城市，苏州滨江近海，境内河港交织，湖荡众多，全市现有各级河道2万余条，总长1457公里。大小湖荡323个，计421万亩（28.07万公顷），水域面积约占全市面积的42.52%。苏州水系即以古城为中心，向四方发散，形成了江、河、湖、海衔接的水系网络，这使以苏州为中心发展起来的吴地文化充满了水的柔情与智慧，所以有人说，吴文化就是水文化。

水系是城市景观中最具生气的元素，既给居民创造了宜人的生活环境，也为城市带来了丰富生动、富于变化的景观风貌。苏州是著名的水城，水是苏州的精神，水是城市的脉络。依水而居的人家，形成了独特的水城生活方式，出行靠船，水上交通十分繁忙，日用靠水，水上市场流动往返，水文化形态丰富而又生动。千年延续的滨水生活，使苏州的城市精神与水文化密不可分，因此，苏州要打造“东方水城”的城市旅游形象，就必须做好水的文章。正是在这一背景下，以笔者为主的课题组，承接了“苏州水上旅游开发规划”的编制任务。本案例即选自“苏州水上旅游开发规划”中对苏州水系空间研究部分。

一、苏州水系空间形态分析

苏州水道众多，水流自西而东，通江达海。现择其主要水体，分析其自然格局于下：

苏州位处太湖流域。太湖是长三角众水之源，湖水浇灌、孕育出了富饶的太湖平原，并一路东泄汇入长江大海。

作为吴文化的中心，古城苏州依傍太湖，与水相生相伴。环城河内，水道纵横，环城河外，水道交错。通过水道的扩散作用，长期作为江南文化中心城市的苏州，将具有浓郁古吴特色的地方文化向江海扩散，从而促成了吴文化区域的形成。

大运河在太湖与古城中间穿过，犹如一条舞动的长臂，将沿运河城市如扬州、镇江、无锡、杭州与苏州紧密联系在一起。

胥江西引太湖水，东注环城河，是古城与太湖联系的重要通道。胥江还与大运河相交，将三大旅游吸引物联为一体。

山塘、上塘两河，通过大运河，将大量的人流、物流输入古城，送往全国各地，是古城重要的供血通道。

北连尚湖的元和塘，建立了古城与县级历史文化名城常熟稳定而持久的

联系。代表着古城最经典的历史文化遗存的平江河，纵贯古城，东出葑门，经环城河与运河相通，直达同里、周庄等江南水乡古镇。

“三江既入，震泽底定”。《禹贡》中的经典描述，说的是吴淞江、娄江、东江作为太湖泄洪的主要通道，将太湖与江海联为一体。现东江已废。吴淞江西连金鸡湖、澄湖，东到上海后汇入大海；娄江一江挑两湖，南有金鸡，北有阳澄，流经昆山，从太仓浏河汇入大江。

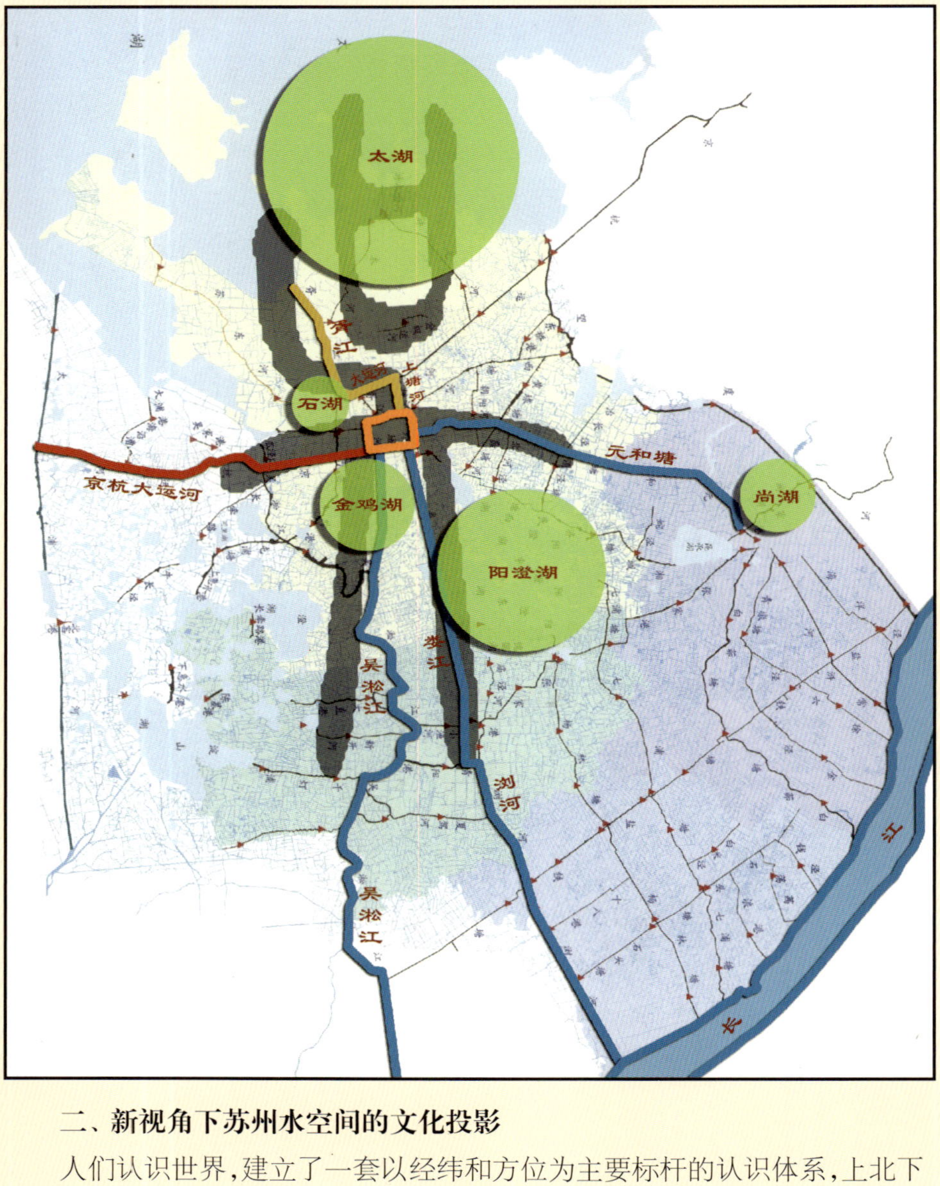

二、新视角下苏州水空间的文化投影

人们认识世界，建立了一套以经纬和方位为主要标杆的认识体系，上北下南，左西右东，是人们认识地图、了解空间的基本方法。这套科学体系极大地帮助了人们，但在长期的训练之下，人们又易产生认识的误区，误将人们的认识成果当成世界的本来面目。其实地球本来是圆的，并无所谓东西南北，方位只是人们认识世界的工具，但并不应该限定人们一定按上北下南的刻板规定去框定世界。长期以来，人们对苏州水系的研究囿于传统的看法与视角，因此往往不得其要领。其实只要我们转换一下视角，就会发现表面上杂乱无章的苏州水系，却有着巧妙的肌理，蕴藏着极妙的文章，形象地展示了苏州地方文化特色。这为旅游开发提供了极佳的载体，也为博大精深的苏州水文化的旅游化、产品化提供了解决方案。

因此在认识苏州水系自然空间时，我们可以把现有的方位先放在一边，打破东西南北的刻板规定，就其自然图形去认识其特有的文化意蕴。在这一新的视角下，我们将绘有苏州水系空间的地图转个向，将旧方位的“西”变成“北”，就会发现一幅奇妙而又深具文化意蕴的图景：东西流淌的苏州水，自然绘就了一幅“吴”字图。

太湖是长三角的母亲湖、吴文化的发源地，她如同人的大脑，使吴文化孕育、成熟并绵延千年至今。苏州古城位处吴文化的中心，如同人的心脏，为吴文化的孕育、成熟源源不断地提供动力和养料。元和塘、大运河如同人的双臂，左牵右挽，共同发展。平江河则似人的丹田，蓄养着古吴文化的元气。娄江、吴淞江则如坚实的双足，立定江海，面向世界。“吴”字形态的苏州水系格局，尽显苏州文化坚忍执着、不断进取的精神和海纳百川、兼容并蓄的气概。

这样的大地景观，是对苏州水文化的最精妙写照。苏州水，就像是一个舞动着的精灵，和着苏州的节奏，在“吴”地宽广的舞台上，连成了一片律动的浪海，欢快地投向江海的怀抱，汇入全球的浪潮之中。这样的空间形态，可概括为四句话：“太湖为首，古城为心，立足江海，直面世界。”

苏州的水上旅游必须遵循这一既成的肌理，重点发挥地理口心区和联系通道的作用，构建旅游网络.也就是说，旅游网络构建应以苏州原有的骨干水系为基础。

三、水上旅游空间结构分析

从主要旅游水体的空间关系分析，苏州水上旅游存在着一条西南到东北走向的发展主轴，呈现出内环相扣、圈层外展的开放格局，并构建了水道相通、血脉相连的廊道体系。

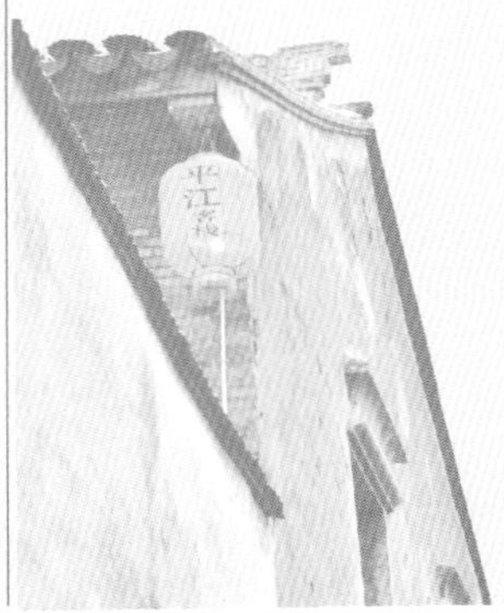

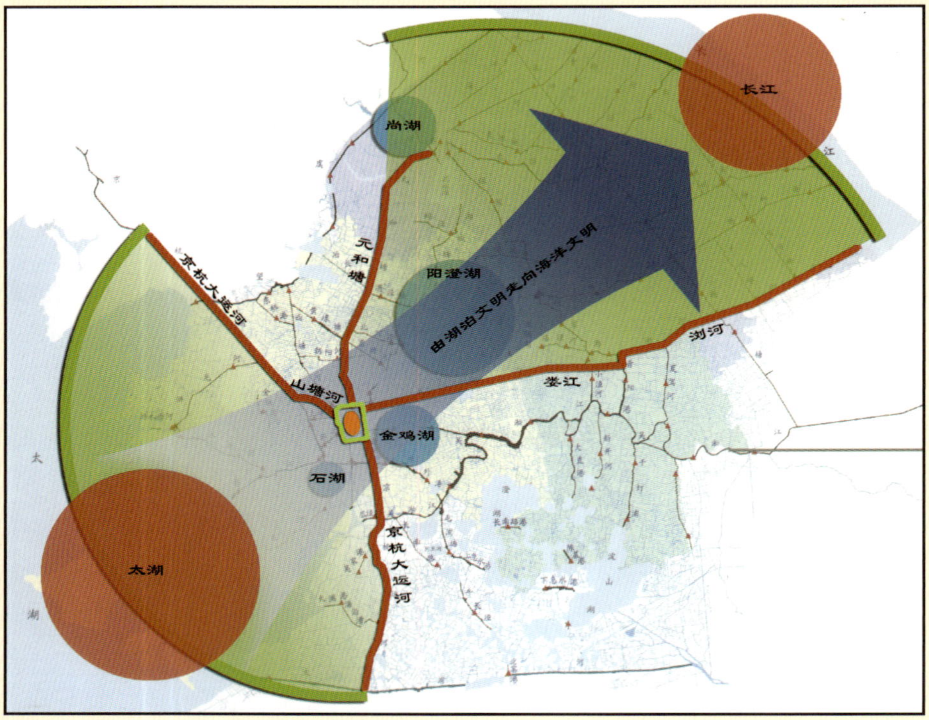

发展主轴：以古城为中心向西南和东北方向呈 X 形延展。古城向西南方向呈扇形展开，大运河为两翼，山塘河、胥江、石湖为扇面，太湖为扇缘。古城向东北方向也呈扇形展开，娄江、元和塘为两翼，金鸡湖、阳澄湖、尚湖为扇面，张家港至太仓段长江为扇缘。发展主轴依据太湖的水势与流向，由西而东，建构出太湖——古城——江海一线相牵的动态格局。主轴上的三个重点空间单元是：古城、太湖和长江。这一发展主轴的发展走向体现了苏州历史的发展过程——由吴文化的源头走向开放的世界，也体现了苏州由湖泊文明走向海洋文明的气魄与决心。

开放格局：发展轴线的确定，使苏州水上旅游呈现出三大圈层，且环带呼应，圈层外扆。

第一层是核心圈，即环城河内水系。在整治三纵三横水系基础上，建构水上旅游城内环，即桃花坞河、平江河、十全河、道前河、学士河的内环，与环城河相连相通，构成苏州古城水上游的双环体系。其中，应以资源密集、含金量高、开发价值大的环城河、平江河、山塘河作为近期开发的中心，重点推进；第二层是呼应带，即西南方向以大运河、石湖为主，东北方向以金鸡湖、阳澄湖、尚湖为主，内引外联，呼应古城，辐射江湖；第三层是潜力区，分别由两大重量级旅游吸引物——太湖和长江组成。太湖是苏州旅游再上层楼的主要希望，近期须重点建设，加大开发力度。长江是苏州融入国内国际水上旅游产品的主要载体，应先期规划，为旅游发展留出足够空间。

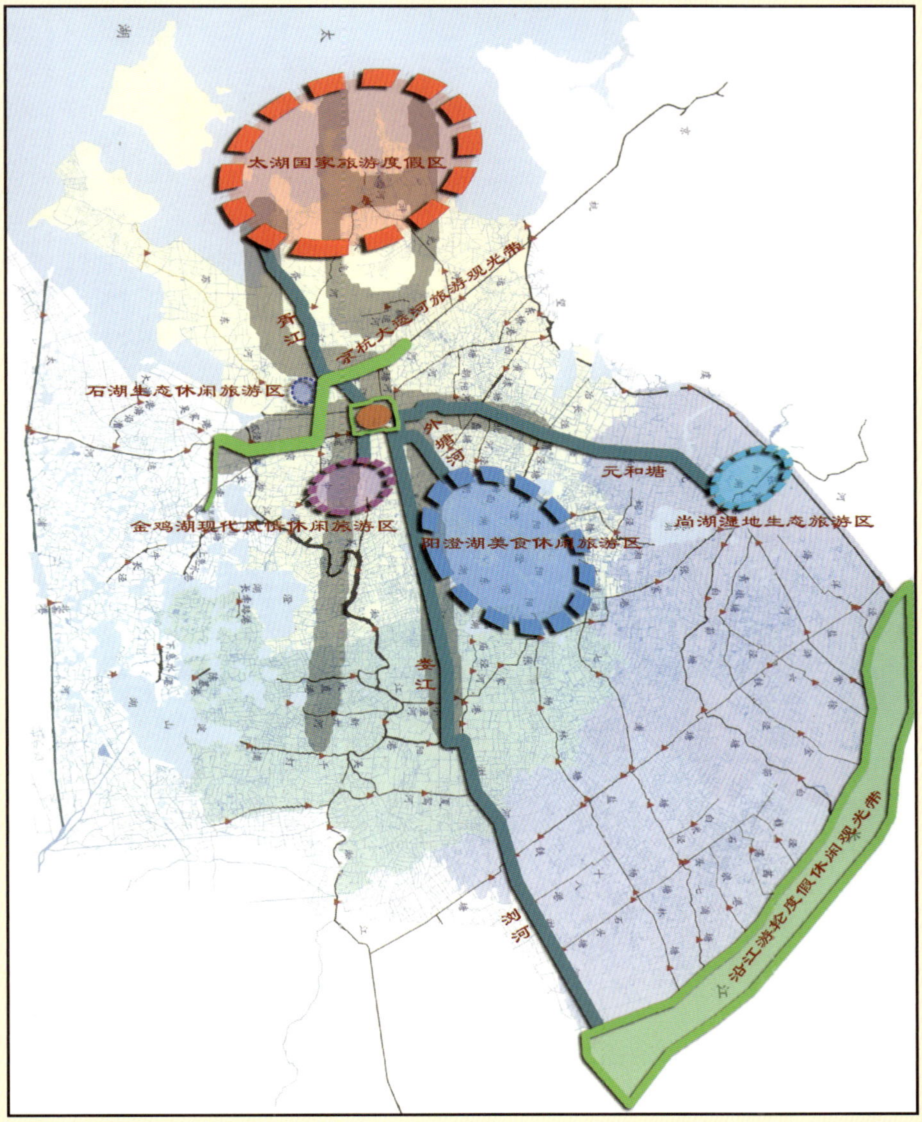

廊道体系：“廊道”，简单地说就是指不同于两侧基质的狭长地带，一般是线形的，以河流、植被带、交通干线等为主。苏州水上旅游廊道以古城为中心，向四面扩散，将周边主要旅游水域联成一体，形成一个有机的统一空间。

这一格局与苏州城市的发展格局相吻合。现代生活使苏州古城不断拓展空间，城市结构呈现以古城为中心的多中心结构，整个城市的生长机制呈星型放射状模式，圈层外展，活力四射。

尤须提出的是，大运河与长江在这一空间结构中意义重大，有利于苏州与区域协调发展，迅速融入长三角水上旅游体系中，还可借助大运河品牌和长江国际游轮，推动苏州走向世界。

根据这一空间结构，苏州水上旅游体系应以古城为中心、太湖为重点（远期发展长江游线）、环城河为中枢、大运河为依托、廊道为补充，打造苏州水上旅游新格局。

这一网络体系可从如下几个角度加以分析：

点：景点密集，沿水展开。河道窄长，景点随河岸绵延布设；湖荡广阔，景点分散却相对集中。网络节点转换通畅，水陆联通，从任意一点出发均可便捷地到达另一景点。

线：路中有路，路路相通。环城河内引外联，大运河南北延伸，水系城内外相通，整个空间呈一种以古城为环心的蛛网状态。游客可根据自己的实际需要，任意选择游览路径。

面：河道相汇，湖群相通。河道纵横密布，湖荡相汇相集，水系内外交汇、贯通，成为一个整体。

网：四沿分布，特色互补。三江、四河、五湖沿古城东西南北四角分布，所构网络之空间单元特色鲜明，主题明确，功能互补，观光、休闲、度假等产品形态齐全，多样化的产品塑造多元的苏州，满足多样化的需求，从不同侧面反映“天堂苏州，东方水城”的魅力，使游客产生明显的对比与差异体验。

（本文作者系魏向东）

魏向东简介

魏向东，博士，教授，生于1963年2月，江苏海安人。研究方向为旅游文化研究与开发，出版论著十余部，发表研究论文60余篇，主持江苏省内外旅游开发项目60余项，获江苏省社会科学优秀成果奖两项、苏州市哲学社会科学优秀成果奖一项，江苏省优秀旅游规划二等奖三项。现为江苏省旅游学会副会长，苏州大学非物质文化遗产研究中心副主任，苏州大学社会学院旅游系主任，苏州大学旅游管理硕士点负责人。

山塘街：文化资源向旅游品牌的华丽转身

山塘街位于苏州古城西北侧，已有近1200年的历史。自2002年6月启动保护性修复以来，山塘街在切实加强历史街区保护性修复的基础上，围绕如何正确处理保护和利用的关系作了一些谋划和探索，以期能够将历史街区的保护工作不断推向深入。

一、超前策划，让文化资源变为旅游资源

山塘街始建于公元825年，为唐代著名诗人白居易任苏州刺史时所筑，是联结苏州古城阊门至“吴中第一名胜”虎丘的水陆通道。在启动保护性修复前，由于历经千年风雨的侵蚀和人为破坏，山塘街内房屋破旧，管线林立，污水横流，河道淤塞，早已没有了当年白居易在《虎丘寺路》中所描绘的模样。居住尚感不便，使用更是无从谈起。为使其恢复昔日的神韵，山塘街保护性修复工程于2002年6月18日启动。在苏州市山塘历史文化保护区保护性修复领导小组的直接指挥下，我们除按照项目建设的一般要求进行规划外，又按照历史街区的特定要求和旅游发展需求，注重在文化挖掘、节点建设、旅游等三方面进行谋划。

七里山塘

1. 注重文化谋划，做到文化挖掘与项目调研并重。历史街区保护性修复不同于新城开发建设，必须“先挖掘再规划”，只有这样，才能使历史街区的保护性修复有历史文化依托，收到事半功倍的效果。为此，我们在山塘街保护性

修复项目启动前，先行启动了山塘街文化挖掘工程，先后编印出版了《山塘钩沉录》《七里山塘》《明清苏州山塘街河》《金阊山塘桥梁史话》《重游山塘》《山塘寻胜》《山塘古诗词》等文史类丛书，为开展项目调研提供了重要的历史文化线索。这一系列文化策划使参与者进一步加深了对山塘历史文化的敬畏感和保护性修复的责任感，从而为山塘街的保护性修复和合理使用奠定了扎实的基础。

2. 注重节点谋划，做到节点修复与景点建设并重。山塘街东起阊门，西至虎丘，街区共有文保单位 11 处、控保建筑 16 处、古牌坊 9 处、其他古迹 40 余处。虽经岁月侵蚀，但这些历史文化遗存仍大多有迹可循。因这些历史文化遗存蕴含着丰富的历史文化底蕴，在作为项目建设的同时又可作为旅游景点供人欣赏，所以我们有意识地将节点修复和景点建设紧密结合起来，同步规划，同步实施。十年来我们修复的主要节点（景点）有张国维祠、普福禅寺、义风园、贝家祠堂、陕西会馆、玉涵堂等 10 余处，另外还推出了阊门寻根纪念地、唐少傅白公祠等一批新的节点，并将这些节点连点成组、连组成片。在节点修复过程中，我们不但注重建筑样式的原样修复，更注重建筑内部的精心布馆。现张国维祠布馆为中国南社纪念馆、贝家祠堂布馆为吴中贝氏纪念馆、玉涵堂布馆为山塘人文风情馆。在布馆过程中，我们先后请全国人大原副委员长周铁农为“中国南社纪念馆”题写馆名，请世界著名建筑大师贝聿铭为“吴中贝氏

姑苏繁华图

虎丘山塘图

纪念馆”的规划方案和布馆内容把关，对于“阊门寻根纪念地”记载的明代“洪武赶散”事件则请中国移民史专家、复旦大学教授葛剑雄考证，从而确保了这些节点（景点）的真实性、权威性和可读性。通过节点谋划，这些节点（景点）神形兼备、雅俗共赏，提升了山塘历史街区的认识价值、教育价值和审美价值。

张国维祠

3. 注重旅游策划，做到旅游策划与项目规划并重。项目规划是项目建设的龙头。为了让更多的人走进历史街区，热爱历史街区，更好地推动历史街区保护性修复，必须做到旅游策划与项目规划同步进行。因此，我们在编制《山塘历史街区控制性详细规划》和试验段、二期、三期工程建设规划方案及渡僧桥、星桥这两个重要历史文化地段，中国南社纪念馆、普福禅寺等10个重要历史文化节点规划方案的基础上，举办旅游发展论坛，请专家、学者为山塘旅游出谋划策，又请杭州商学院、杭州文博旅游有限公司联合编制了《山塘历史文化保护区旅游总体策划》《山塘历史文化保护区旅游专题研究》，并首次设计了山塘旅游景区徽标。通过旅游策划，原来单一、枯燥的项目规划方案变得丰满、灵动起来。比如根据旅游策划方案的建议，我们增加了背景音乐系统、景观灯光系统、安全监控系统及游船充电点、游船停靠码头等综合配套设施。2004年10月1日，山塘街试验段旅游开街，更将旅游谋划转变为了旅游实践。后又请北京达沃斯巅峰旅游规划设计院编制了《苏州虎丘地区旅游发展策划》文本，将旅游谋划贯穿于山塘街保护性修复的全过程。

通贵桥

二、创意，让旅游资源变为旅游产品

让文化资源变为旅游资源，这只是山塘街塑造旅游品牌的第一步。如何将旅游资源转变为旅游产品，这是我们面临的又一难题。对此，我们主要作了以下三个方面的探索。

1．“保护优先”还是“旅游优先”的辩论。当时主要有两种观点。一种观点认为既然是历史街区，山塘街就必须遵循历史街区“保护风貌、修旧如旧”的原则，绝不能走样变形；而另一种观点则认为，历史街区保护性修复的目的就是为了使用，而发展旅游是其中的一种模式，发展旅游就要敢于打破现有的条条框框，按照现代旅游的要求进行规划建设。实际上，以上两种截然不同的观点反映的是如何正确认识历史街区保护与使用的关系问题。带着这些问题，我们先后赴丽江、乌镇等地学习考察，采取多种方式广泛听取各个方面的意见，大家逐步认识到，历史街区的价值就在于其传递的历史文化信息，“皮之不存，毛将焉附”，没有古街，哪有旅游，绝不能本末倒置。但为了历史街区的持续投入和不断发展，也可尝试探索保护和使用相结合的路子。在实践摸索中，我们坚持“保护为本、文化为魂、发展为要”的原则，既注重原汁原味的保护，又注重根据旅游需要规划建设停车场、游客咨询中心等配套设施。这一探索，为山塘街的有效保护和旅游发展确定了基调。

2．“出租经营”还是“销售经营”的探索。一种观点认为，为了确保历史街区的有效管理，应由投资方对通过修复形成的有形资产进行统一招租、统一管理；另一种观点则认为，为了确保国有资产的保值增值和资金回笼，应将通过修复形成的有形资产按照“价高者得”的原则推向社会进行销售。在此期间希尔顿集团、上海证大集团还多次考察山塘，并表达了收购或合作的意向。在实践探索中，我们主要采取了前一种方法，即“只租不售”。但在出租的过程中，我们又根据山塘街的定位和经营项目的特点，采取“差别化租金”的方法，对餐饮这类附加值较高的商铺收取的租金略高于一般市场价格，而对历史文化和传统艺术类商铺，租金则略低于一般市场价格。具体租金由相关人员组成的领导小组集体研究决定。引进商铺的经营业态由山塘公司统筹考虑，大多为与历史街区风貌、功能相吻合的传统工艺、传统饮食、传统艺术类项目，且大多采取“前店后坊”“一店一特”的传统经营方式。这一探索，既满足了历史街区对经营业态的要求，防止了经营无序、管理失控现象的发生，又使游客领略了这些店铺所展示的独特历史文化内涵，同时还使入驻商户增强了信心，在山塘街得以立足、扎根和发展壮大，确保了街区的繁荣。

3．“封闭式管理”还是“开放式管理”的探索。2004 年 10 月 1 日，山塘街试验段旅游开街前后，我们即组建了山塘管理办公室、山塘旅游公司，以加强对历史街区和山塘旅游的统一管理。一开始时运作情况尚可。但自2007年初山塘街试验段景点联票试行“设卡收费”后，个别商户借题发挥，要求取消收费点，并赔偿由此给经营户带来的损失。少数新闻媒体的负面报道也给我们带来了很大的压力，山塘旅游面临着前所未有的严峻考验。针对这些问题，我们没有回避，经过深刻反思和艰苦努力，在与经营户、新闻媒体积极沟通的基础上，及时调整了管理方式，即景区不售票、不设卡，实行开放式管理，使之始终保持旺盛的人气；景点售“套餐式”联票，实行封闭式管理，使之确保稳定的收益。同时，以派驻的城管中队为主体成立的山塘历史街区综合管理办公室加强对街区的长效管理，从而较好地防止了“设卡即死”“撤卡即乱”现象的发生。这一系列探索性举措最终使得争论逐步平息，商户逐步稳定，景区人气逐步回升，收益逐步增加。

三、品牌策划，让旅游产品变为旅游品牌

纵观国内旅游市场，旅游产品方兴未艾，历史街区旅游更是前有标兵、后有追兵。如何精心组织打造山塘街旅游品牌，使之在众多历史街区旅游产品中脱颖而出并经久不衰，是我们面临的又一考验。对此，我们重点采取了以下四方面的措施。

山塘河沿线风光

1. 精心组织舆论宣传，努力提高历史街区的知名度。舆论宣传是打造历史街区旅游品牌必不可少的重要手段。在进行认真调研的基础上，我们首先是精心提炼宣传主题，提出了“古城水街”（反映苏州古城近郊的历史街区建筑形态和社会生活状态，有别于传统意义上的“水乡古镇”概念）、“老苏州的缩影”（在风貌上山塘街体现了老苏州的建筑特色）、“吴文化的窗口”（在使用上山塘街传承了吴文化的精髓）、“天堂里的街市”（在管理上山塘街实行开放式的管理，体现了原生态的苏州市井生活）的理念，有效防止了形象宣传上的“同质化”，使山塘历史街区的鲜明特质通俗易懂，深入人心；其次是精心组织媒体宣传。我们先后在全国、省、市各类媒体刊登新闻报道及产品广告数千篇，使山塘街随着其生动、独特的文字描述和视觉形象走进家庭、辐射华东、影响全国、走向世界；再是精心制作宣传产品。我们请劳思先生创作了中国画长卷《山塘胜景图》，请罗哲文先生为《七里山塘·古今双辉》“一盒双轴”中国画长卷作序，请苏州广电总台制作了经典评弹电视艺术片《山塘雅韵》，并借力江苏亚细亚集团传媒娱乐有限公司摄制的24集电视连续剧《谍战古山塘》和中央电视台《2011中秋诗会山塘篇》等节目以及上海世博会苏州馆山塘街专题推介活动、党和国家领导人及知名人士视察山塘街等机遇宣传山塘，有效地扩大了山塘街的知名度。

2. 精心组织评比申报，努力提高街区品质的美誉度。政府部门、专业机构组织的各类评比申报活动具有权威性、导向性、示范性的特点，参加评比申报的过程又是学习、展示、提高的过程。山塘街紧紧抓住每一次机遇，精心组织

从山塘街看虎丘塔

每一次评比申报，尤其是2010年由国家文化部、国家文物局组织的“中国历史文化名街”和由国家旅游局组织的“国家AAAA级旅游景区”评比先后申报成功，极大地提高了山塘街的美誉度。2012年，山塘河（街）又作为苏州大运河申遗的七个点段之一参加推荐申报，使山塘街的美誉度又上了一个新的台阶。应该说，参加这些评比申报，专业性强，含金量高，竞争激烈，难度很大，当时我们也曾有过种种顾虑。但在姑苏区委、区政府的领导和各方面的有力支持下，我们克服种种困难，终于申报成功，为历史街区争了光，为旅游发展加了分。

3. 精心组织文化活动，努力提高游客、市民的感受度。吴地民俗文化活动源远流长，而作为千年古街的山塘街更是深得其韵。从农历正月初五“接财神”、二月十二“百花生日”、三月“山塘春会”、四月“饯春”、五月“龙舟竞渡”、六月“珠兰茉莉花市”、七月半看“无祀会”、八月“千人石听歌”、九月“登高”、十月朝看“无祀会”、十一月“窖花”到十二月“冬至节”等，年年岁岁，相沿相袭，后因种种原因这些节俗逐步淡出人们的视野。山塘街保护性修复启动后，在区、街的精心组织下，又将其逐步恢复并发扬光大。目前已恢复且影响较大的有接财神、轧神仙、赏中秋、山塘风情文化节等。除景点参观、水上游览外，又有遍布景区的评弹茶馆、昆曲剧场、民间艺术家现场表演，做到了年年有新意、月月有安排、天天有活动，加之影视基地、婚纱摄影甚至山塘人家的日常生活、温文尔雅的吴侬软语，共同构成了“一条活着的千年古街”的生动画面，吸引着游客、市民远来近悦，亲身感受深厚的吴地文化和独特的山塘风情。

4. 精心组织资金筹措，努力提高保障工作的贴合度。历史街区保护性修复，资金问题是瓶颈。对此，我们在整体谋划的基础上，坚持“渐进式、微循环、小规模、不间断”的保护性修复方式，逐步投入，滚动发展。除组建山塘公司解决资金来源外，还通过各个时期的阶段性成果展示积极争取各方支持。前期，主要是争取苏州市政府引导资金，明确基础设施建设费用由市各职能部门分担和土地拍卖净收益返回政策；中期，主要是争取公益性项目建设由市政府直接投资、公建配套经费减免和“退二进三”地块享受土地收购政策；后期，主要是“两证”办理中土地出让金减免和市城投公司直接参股、“以投代拨”政策。此外，山塘街区景观灯光、行政管理机构费用分别由苏州市、姑苏区政府承担。姑苏区文体局、旅游局、发改局还分别帮助争取到数百万元的专项扶持资金，从而保证了山塘街各个阶段保护性修复和旅游发展所需。日常运营维护费用，则由山塘公司自行从房租收益、旅游收入中解决。目前，山塘街房租收益每年在1500万元左右，旅游收入每年1300万元左右，投入1.6亿元形成的2.5万平方米经营性用房现已进入办理“两证”程序，加上作为“中国历史文化名街”和“国家AAAA级旅游景区”所形成的无形资产，山塘街已进入稳定发展、持续发展的阶段。

回顾十年历程，我们深深体会到，要实现文化资源到旅游品牌的转变，必须紧紧抓住挖掘历史文化资源这个源头，必须牢牢把握保持历史街区特色这个根本，必须始终瞄准争创特色旅游品牌这个目标。只有这样，才能明确方向，凝聚力量，历史街区才能工作做实，功能做强，环境做美，效益做优。但十年探索也有一些教训和问题值得思考，比如：如何多渠道筹措保护资金、进一步加快保护步伐，山塘历史街区如何与虎丘景区实现资源共享、整体联动等，这些都需要在今后的实践中进一步加以研究和探索。

2012年原平江、沧浪、金阊三区合并成姑苏区并成为国家历史文化名城保护区，历史街区保护性修复工作又揭开了新的一页。保护正当时，实践无止境。我们相信，承上启下、继往开来的姑苏区（保护区）党委、政府和管委会，在历史街区的保护性修复工作方面一定能够力度更大，办法更多，步伐更快，一定能够再创历史街区保护使用新业绩，谱写历史街区科学发展新篇章。

（本文作者系平龙根）

创意『艺库』亮相苏州：香山里『中国家饰软装艺库』试运营

欣悉一个号称“中国艺库”并以“文创设计产业的集聚、协同、创新”为导向的文化产业集聚区在苏州市吴中区的香山里正式启动，《文化创意》编辑部“一班人”决定前往一探究竟。

四座巍峨的单体商业楼形成一个大围合，中央为十字廊道与大型室内中庭，其中庭顶部由开放式钢架结构覆盖大面积采光玻璃，精致而壮观，香山帮传统建筑元素鲜明，这里就是编号为A馆的“中国家饰软装艺库”，目前已进入试运营阶段。除A馆外，还有B馆、C馆和大师馆，总面积达12万平方米。

据“香山工坊”董事长、苏州市文化创意产业联合会副会长冯晓东介绍，香山里要打造一个立足苏州面向世界、传统与当代激荡共生的文创设计产业集聚区，它包括艺术街区、文化院落、创作工坊、艺术展馆、室内剧场、艺术会所、个性奢品会所等，是一个涵盖创意设计、传统工艺、科研转化、文化旅游、艺术教育、艺术展览、休闲购物等七大门类的创意“艺库”。A馆为家饰软装艺库；B馆以传统工艺更新和民艺振兴为主题，正在面向社会征集室内设计大奖方案；C馆为自主品牌专营店集群；大师馆汇集了香山帮大师、中国工艺美术大师、中国当代艺术家、海外艺术设计大师等工作室。

“艺库”呈现古典中式与现代西式的混搭美学风格，展现出独特的建筑视觉魅力与空间情境。笔者在现场了解到，该“艺库”已经将“香山帮”传统建筑技艺文化资源、中国家居软装设计产业资源、中国美术学院、清华大学美术学院、苏州工艺美术职业技术学院、美国乔治·华盛顿大学、英国苏富比艺术学院等高校学术资源，建筑设计、景观设计、室内设计、工业设计、平面设计等现代设计与传统工艺美术资源，以及非物质文化遗产保护传播中心与现代木结构技艺研发中心（院士工作站）等文化研究资源进行了协同整合。在这里，一个产业交融、学术交流、思想交锋、原创市场化、创新协同化的中外艺术智库很快将浮出水面。

“艺库”的联合策划者秦梦玉说，他们将以战略发展、生活创新、科技转化、传统工艺、市场推广、人才培育等六个方面为切入点，以服务本地传统建筑与传统工艺转型为目标，以项目研发为手段，通过当地政府、传统民间文化、民间工艺产业、当代创意设计以及学术资源通力合作，建立政、资、产、学、研、用的新型协同创新体。还将联合海内外高校等机构建立“一会四库一工程”，成立生活方式创意生产研发库、设计创新与科技转化研发库、传统工艺更新与民艺振兴研发库、主创品牌与商业模式研发库，完成香山里中国家饰软装艺库复合

型文创产业人才培养工程，引领中国人“诗意栖居”的生活方式。

山不在高，有神则灵。这里的“神”乃“香山帮”的鼻祖蒯祥——明代初期建筑名家、北京故宫和天安门等的设计与营造者。据明史及有关建筑专著评介，蒯祥在建筑学上的创造达到了炉火纯青的程度。他精通尺度计算，每项工程施工前精确计算，竣工之后，位置、距离、大小尺寸与设计图分毫不差，其几何原理掌握得相当好，榫卯技巧在建筑艺术上有独到之处。他不仅木工技术纯熟，还有很高的艺术天赋和审美水平。据记载，蒯祥能以双手握笔同时画龙，合二为一，一模一样。不仅如此，蒯祥受人称赞的还有他的人品。尽管他的官职很高，但是他为人仍然非常谦逊俭朴。到了晚年，虽然他已经主动辞官隐退，但每当有营造工程向他请教时，他还是非常热心地指导，可谓德艺双馨。蒯祥墓园的牌坊上有副对联：“园林处处不忘胥水良师，宫阙巍巍共仰雷山鼻祖”，表达了后人对这位建筑三匠的缅怀。

如今的“香山帮”，人才辈出，以木匠领衔，集泥水匠、漆匠、堆灰匠、雕塑匠、叠山匠、彩绘匠等古典建筑工种于一体。“香山帮”凭借高超的建筑技艺在中华建筑史上留下了光辉的篇章。多年来，香山工匠不仅把传统的建筑工艺带到全国各地，还跨出国门，先后在加拿大、新加坡、澳大利亚、日本、美国、西班牙、俄罗斯、南非等国家和地区，以苏州古典园林为蓝本，建造了仿古园林、各种单体建筑、小品陈设和园林微缩模型，成为传播中国文化的使者。

该“艺库”将传承发展，以配套成龙、规模效应、协同创新为宗旨，以其直观的创作生产、前店铺后工作室模式以及品牌效应，形成一个为顾客提供优质创意设计服务的专业市场，为顾客提供家居艺术等产品单项、多项或全套的选择空间。2011 年 2 月，与中国最具代表性的家居软装杂志《软装世界》全面广告推广合作；2011 年 3 月与 UBM LIVE（英国最大家居展主办机构）及与 Channeis Exhibition（中东最大规模展览主办机构之一）分别缔约合作，将参展中东阿比扎比国际家具及家居饰品展，参展南非约翰内斯堡家居装饰设计展，参展中东迪拜家居及室内装饰展。目前，正在筹划苏州工艺美院师生创作展，美国 Project One Design 设计公司、酷坦哥艺廊等机构与 50 余家创意家饰软装品牌展。对此，我们期待着：高起点规划、高标准建设的“艺库”将在绿色生态的底色上，呈现出独有特色，描绘出夺目形象，生产出高品位创新产品。

数字文化产业的一朵奇葩：苏州阳澄湖数字文化创意产业园

“相城”是苏州辖区内的一座饱含历史文化底蕴的新城。2500多年前，吴国丞相伍子胥为建阖闾大城，“相土尝水，象天法地”，相城因此而得名。这里，曾走出了“兵圣”孙武、“商圣”范蠡、“明四家”沈周、文徵明及吴门画派、御窑金砖、缂丝技艺……堪称是一方风物清嘉、人文彬蔚的锦绣福地。时下这里又绽放出了一朵艳丽的奇葩——苏州阳澄湖数字文化创意产业园（以下简称“文创园”）。

文创园于2011年8月开园，截至2012年11月底，已有清华大学、南京大学、中国传媒大学、南京师范大学、苏州大学、苏州科技学院等10所高校在“文创园”设立研究中心或实训基地，并引入苏州泽嘉网络科技有限公司、苏州捷游网络技术有限公司、中广游网络科技（苏州）有限公司等49家知名企业近1000人入驻园区，2012年实现销售收入达25亿元。2013年，完成数字文化创意产业孵化器建设，形成以8至10家龙头企业为引领，80家中小企业为产业发展基础，100家孵化器企业为发展储备的产业集聚区，销售收入达100亿元，实现了“一年形成产业聚集、三年推进产业聚核、五年实现产业聚变”的发展目标，成为区域经济发展的发动机、苏州高铁新城“创智枢纽”的核心。

阳澄湖数字文化创意产业园为什么如此底气十足、高歌猛进？奥秘正在于组织方式与营运模式的创新。

创新产业路径，创意之星的圆梦策划

2010年，江苏省科技镇长团副团长恽如伟博士到相城区太平街道挂职锻炼。恽博士系南京师范大学教授、数字娱乐研究中心主任，还是研究游戏、虚拟经济等数字互动媒体及其教育应用方面的专家。他在对当地的经济环境进行一番调研之后认为，由于太平街道的原有工业基础十分薄弱，发展制造产业又受到阳澄湖保护条例的限制，经济发展面临的机遇和压力更多地表现在产业结构层面的创新上，因此必须将发展区域经济的重点投向新的领域、新的产业，在产业结构上形成与周边地区关联产业的互补与配套。在相城周边的苏州、上海等城市汇聚了大批高等院校、高科技企业和影视文化类企业，发展以数字文化出版为主的文化创意产业可以借力发力，是突破区域经济发展瓶颈的最佳路径。2010年，他正式提出了在阳澄湖畔建设“苏州阳澄湖数字文化创意产业园”的建议。世界著名经济学家熊彼特指出：创新的承担者（主体）只能

是企业家，企业家的创新活动是经济兴起和发展的主要原因。恽如伟博士具备了企业家的眼光，能看到市场潜在的商业利润；有能力，有胆略，敢冒经营风险，从而取得可能的市场利润；有经营能力，善于动员和组织社会资源，进行并实现生产要素的新组合，最终获得利润。一位企业家之所以能创新，是因为他能看到创新可能带来的赢利机会，或使潜在的赢利机会变成为现实的利润。目前，恽如伟博士身兼两个实体企业——苏州阳澄湖网络科技有限公司与江苏国家数字出版基地有限公司的董事长，在创业的新天地中大展拳脚，从称职的教授转型为新型的文化企业家。"数字文化产业"是高科技产业的集合体。与高端人才的创意相结合，就可能为新产业提供创造力基础。可以说，谁拥有高素质的复合创新型人才，谁就有可能在产业创新上取得领先地位。

创新产业组织架构，低成本暴发式扩张

所谓"产业组织的架构创新"是针对传统产业发展提出的全新的发展思路，它包括产业发展的制度创新与技术创新，其核心是观念和思想的创新，正如创新理论的奠基人熊彼特所说："这类似于生物学上的突变理论，即不断从体系内部革新经济结构。"它是需求结构、技术水平和资源结构的综合反映，并在这些因素变动的影响下不断演变。

"后发"产业要实现"后发"，需要比"先发"者更努力地创新，需要挖掘并坚持"先发"者不具备的某些比较优势。"数字文化产业"利用的是计算机对声、光、电、磁信息进行数字化处理的成熟技术，属于"后发"的具有"比较优势"的新兴产业。数字化在文化产业价值链中，具有创新性强、科技含量高、衍生品多、对日常生活渗透直接、对相关产业带动性广、增长快、附加值高、发展潜力大的特点。而"后发"产业的"比较优势"在没有出现产品和技术的重大突破前，更需要通过组织方式的创新来达到低成本暴发式的扩张。但这个需要政府、企业和社会共同努力。政府要形成制度和环境的保障，企业要用产品来实现。对此，相城区委区政府十分重视，在纳入苏州高铁新城实施"一年成势、三年成形、八年成城"发展战略、打造"高铁枢纽、创智枢纽"产业引擎总体规划的基础上，由区政府出资成立了苏州阳澄湖数字文化创意产业园投资有限公司，负责建设、打造园区平台，下设全资子公司苏州阳澄湖网络科技有限公司全权负责运作，体现了政府与企业联手、市场与政府并重"两只手"齐抓共

管的决心与意志。

1. 用零增地实现跨越发展。苏南地区寸土寸金,既要加快发展新兴产业,又不能突破土地红线,采用查漏补缺、整填沟渠、拆旧盖新、收购置换,用好现有的、盘活闲置的、清理未用的办法有助于解决这一难题。园区分A、B两个区(A区为中小型企业和孵化基地;B区为规模型企业聚集区),总占地面积达660亩。目前A区已有连邦软件、星云网络等40家数字文化创意企业入驻开业,并设立苏州大学、常熟理工学院、苏州科技学院、苏州职业技术学院等高校在园内的实训基地,为园内中小游戏企业发展提供人才支撑。年内中小企业和创意团队将达到80家左右,同时以园区游戏研发、运营与进出口公司集群的优势,着力打造国家级网游出口基地。B区占地315亩,规划面积约25万平方米,全面盘活首期约5万平方米融合世界建筑大师莱特建筑风格、具有中国园林建筑艺术的15栋企业总部大楼,大力引进高品牌、高品质、高品位项目,加快聚核三四个发展方向、以15家左右集团企业为龙头、以一批中等企业为基础的产业集聚区。目前紫光数码、盛大游戏、18基金、凤凰传媒、南师大苏州文化产业研究院、米粒影视、苏州天众网络等8家高端项目已入驻、开业。"文创园"的建设,没有占用一分基本农田,没有发生一例违规用地,在保护耕地和发展经济之间找到了一个平衡点,有效破解了土地瓶颈制约的难题,也破解了村镇违法用地的难题。

2. 对内"挖潜"和对外"开放",做活融资文章。资金缺乏怎么办?一方面积极招引社会资金参与园区建设,鼓励社会各类资金参与园区的建设与经营;另一方面专门成立融资协调机构,在政府拿出地方部分留存税收的基础上,按照"谁投资、谁受益"的原则,鼓励金融机构加大对园区建设的信贷支持,吸纳生产要素向园区集中。为此先后创办了两个实体公司——苏州阳澄湖数字文化创意园投资有限公司与苏州阳澄湖网络科技有限公司,总投入约20亿元,不断加快"引凤"力度,解决了资金短缺难题。

3. 全盘统筹、调节资源配置,破解领军人才紧缺难题。在创办初期,相城区委区政府按照精简、统一、效能的原则优化政府组织结构,加快"小政府、大社会;小机构、大服务"政府管理机制的构建,并抽调党政机关、事业单位、社区工作人员参加筹建,全力做好服务工作,以保障项目上马。在筹建中,他们坚持引进与培养人才双向并重,深入挖掘人才智慧资源,以极大的热情与诚意引进高端领军人才。

区委区政府作为市场组成部分之一(有形之手),在推动产业创新的过程中积极发挥引导作用与行使市场监管者的职责,通过社会保障来推动创业和创新,从而为文化产业快速发展赢得了先机。2010 年 10 月“文创园”开始筹划,2011 年 2 月正式注册成立,2011 年 8 月 8 日开园,在不到 8 个月的时间里,从当初的一块空地、两栋闲置大楼发展到如今的数字文化产业集聚区乃至崛起一座“国家基地”。

创新发展模式,提高发展质量

作为我国经济发展比较快的地区,苏州在发展中更早地遇到了一些深层次的矛盾和问题:土地资源和环境容量逼近极限,产业结构偏重、产业层次不够高,发展创新型经济所需的要素和人才支撑相对缺乏,城乡产业结构雷同。有识之士越来越深切地感受到,突出创新并形成以企业为主体、以市场为导向、政产学研用紧密结合的技术创新体系,是破解发展难题的挑战所迫,是增强综合竞争力的动力所在。阳澄湖数字文化创意产业园注重发展模式的创新,将政府的经济管理职能转到提供良好的公共服务职能、创造良好的市场环境上来,有效地发挥了市场在资源配置中的基础性作用。

1. 转变发展方式——由产业集聚走向专业化集群发展。随着经济全球化的推进和产业分工的更加细化,产业的专业化集群发展已成为一种趋势。园区主动顺应这一形势,大力打造数字化文化创意产业园、特色主题楼宇,创新开发运营方式,根据产业基础和发展趋势,引导相关产业向专业型产业园集聚,在一个相对集中的空间内形成较为完整的创新链和产业链,形成最活跃的创新创业“动感地带”。

2. 转变资源集聚——由集聚一般资源走向集聚创新资源。随着园区开发建设的深入推进,传统的一般的资源已不能满足园区发展需要,资源集聚的重点开始逐步转变为集聚人才、技术、资本等与科技创新最密切相关的资源。园区坚持由投资拉动型的外延式发展模式向创新推动型的内涵式发展模式转变,向要素要效率,由粗放型的斯密增长向熊彼特式内涵增长转变,从而实现了从注重总量、规模、速度向质量、结构、效益转变,以协同创新引领园区不断实现跨越式发展的新路。

3. 转变产业结构——由产品制造逐步走向科技服务。土地、厂房、楼宇都是紧缺资源,创新资源的利用和运营方式、节约集约利用有限资源将成为必然要求。该园坚持“统一规划、成批引进”,并高度注重产业的专业化集群发展和资源利用效益的最大化。积极引进各类研发机构,使政府以最小的投入、最少的资源获得了最优的开发效果,同时也有效把控了专业型产业园的发展方向。园区本着资源共享、联手共赢的价值理念,通过汇聚众多的业界科研院所力量,推动数字文化企业建立可持续的合作伙伴关系,激发企业及机构的合作主动性,促进和加强数字文化企业之间在文化创意生产和贸易投资领域的紧密结合。

4. 理顺政府与市场的关系——将管理职能转向公共服务职能。发展模式是发展理念和原则、目标和战略、途径和机制的集中体现,是一种综合性的、高层次的创新,对一个地区经济社会的发展具有决定性的影响。企业投资什么?怎么投资?在哪里投资?政府应该引导而不是规定,唯有如此,才能真正尊重市场规律和企业自身发展规律,才有利于调动企业家的积极性和首创精神。“文创园”的做法是:一是政府统一规划发展路径。相城区委区政府认为,京沪高铁贯通了“三市四省”,串起了京沪“经济走廊”。高铁新城成功的标志,不在于房子建得多高、多好,而在于产业承接和发展得如何。为此,区委区政府制定了苏州高铁新城以打造“智慧城市为载体,一年成势、三年成形、八年成城”的战略目标和“先策划后规划、先规划后建设、先地下后地上、先环境后开发”的原则,以国家产业政策为导向,以产业转型升级为契机,着力建设产业基础坚实的集聚区,吹响了数字文化创意产业集结号。科学的定位、整体的规划,保证了“文创园”的健康、有序发展。二是依据“文创园”的功能定位和发展目标搭建了开放合作的公共服务平台,邀请各类专家学者研讨发展方向,献计献策;组织各类大型宣传活动;建设高档社区,以优质的配套工作搞好后勤保障工作,吸引文化人才的集聚;主动与苏州市知识产权局联系,创办了苏州首家版权工作站,保护无形财产权,用政府政策扶持这只“看得见的手”为企业解难、为企业办事,为“文创园”的发展调校方向、保驾护航,促进智力成果转化为生产力,并被运用到生产建设上去,这种做法产生了很大的经济效益和社会效益。三是企业自主经营。企业才是市场最重要的主体。根据江苏省政府关于建设“专、精、特”数字文化产业样板园区的要求,恽如伟董事长在国内外大量调查研究、论证的基础上,确定了两个实体企业产业发展的重点:游戏,电子图书,互动教育,电子商务+应用软件服务;制定了“一年形成产业聚集、三年形成产业聚核、五年形成产业聚变”的发展目标，利用国资平台，实施A区、B区双轮驱动发展模式。在“融”字上大做文章——使企业融入“高铁新城”、融入省市政府要求、融入国内外市场。在推进改革创新的基础上，从制度上发挥了市场之手的神妙，提高了投资的质量和效益，呈现出了国有和民营经济相得益彰、共同发展的良好态势。

创新扶持政策，引导产业创新

我国30多年来的改革开放史，就是一部政策创新史。政策创新是一个系统工程，它不仅是政策内容的创新，还包括整个政策运行过程中各个环节的创新，即通过政策创新引导价值创新、调整生产关系、提高生产力、推动产业升级和消费升级。数字文化创意产业是新兴的文化业态，“数字化建设所导致的信息革命，实质就是文化领域的产业革命”。阳澄湖数字文化创意产业园为什么能“如魔术般从无到有，成为国家级数字出版基地顺利开园并茁壮发展起来”？这要归结于文创园不仅在产业组织架构上、发展模式上创新，还在于服务政策创新上的突破，提升了服务水平。相城区委区政府根据国家产业政策，出台了《苏州阳澄湖数字文化创意产业发展优惠政策》等系列文本和举措。这些政策、举措不仅把国家政策落实到位，具有一定的可操作性，与企业成长、发展良性互动，而且还在招考录用、税费减免、贷款担保、财政补助等方面为引导人才集聚、毕业生到基层就业和积极创业、搭建市场服务平台提供了有力的政策支持和保证，形成了价值创造的杠杆力量。

1. 场所租金扶持政策。对经认定的入驻企业或机构（在本地工商注册、纳税，具有独立法人资格的有关数字文化创意产业企业，包括游戏、电子图书、互动教育、创意设计业、数字内容和动漫业、会展广告业、工艺美术业和文化传媒业等优势行业）在苏州阳澄湖数字文化创意产业园区租赁办公房并实际使用的，给予相应的租金优惠政策。

2. 人才引进政策。海外高层次留学人才和留学人员创业团队以自由专利、专业技术、科研成果进行转化和创办文化企业的，可给予创业资助。引进的优秀文化人才可享受苏州市《关于吸引国内外高层次人才来苏工作的意见》中在户口、住房、扶持资金、税收等方面的优惠政策。同时，对经认定入驻苏州阳澄湖数字文化创意产业园区的企业或机构，企业负责人可根据企业投资额度和员工数量申请使用园区配套人才公寓。

3. 投融资政策。为推动“文创园”尽快成为支柱产业，帮助入驻企业减少风险，“文创园”成立了 1.5 亿发展基金，根据申请企业和项目的具体情况，参照当年中国人民银行同类同期基准利率核定企业项目的利息补贴率和贴息金额，对企业项目申请的贷款进行贴息。同时，积极为银企合作牵线搭桥，比如时常召开银企座谈会，就银企如何合作，实现园、银、企三赢进行交流探讨，助推中小企业发展、做大做强。文创园还进一步健全完善信用担保体系，拓展企业融资平台，有效缓解了企业融资难题。

4. 财税扶持政策。经“文创园”认定的文化创意企业自主开发、生产游戏产品，可享受国家及地方现行所有鼓励软件产业发展的有关增值税、所得税等税收优惠政策。

5. 配套服务政策。一是为入驻“文创园”的企业提供高档的人才公寓房。周边酒店、购物、商业、旅游、金融与休闲娱乐设施齐全。二是为入驻企业的高级技术与管理人才在户口办理、子女入学、社区服务各方面给予帮助。为有利于企业引进人才、凝聚人才，企业引进的高级管理人员如需将户口迁入驻地的，允许迁入并协助免费及时办理迁入手续。三是为入驻企业在工商注册、税务办理、人力资源、社会保险、科技、产品专利等方面提供优质一站式免费服务，留学生可免交企业设立审批费、工商登记注册费及税务登记费。四是入驻的企业高级人才，还可参照市、区人才引进等相关规定申请享受相关优惠政策。

6. 职业见习（实习）管理政策。经审核，对符合进入青年见习（实习）基地条件的，由区就业管理处向社会予以公布，并授予《苏州市相城区青年见习（实习）基地》铭牌。补贴标准是：(1) 带教补贴：根据服务机构实际安排的见习（实习）学员人数，按照每人每月 150 元的标准给予补贴。(2) 见习（实习）学员生活费补贴：每人每月按当年城镇职工月最低标准享受生活费补贴；实习学员每人每月按城镇职工月最低工资标准 50% 的标准享受生活费补贴。(3) 商业保险补贴：由服务机构按自然月每月统一为见习（实习）学员购买综合性商业保险。见习（实习）学员在见习（实习）期间如发生意外人身伤害事故，可根据《商业保险协议》进行理赔。

创新服务平台，留住人才稳定队伍

1. 生活服务平台。园区为投资者以及员工提供高质量的生活配套服务。

(1) 居住服务:配套有高标准人才公寓，一期1.8万平方米，有锦江国际大酒店(四星级)。

(2) 餐饮服务:配套有阳澄湖葫芦岛特色餐饮服务，拥有“湖八鲜”等特色美食。

(3) 休闲服务:配套有盛泽湖月季公园、葫芦岛芙蓉生态园、清漪生态园、金澄商业广场、大型购物超市等一批高标准的休闲娱乐场所。

(4) 教育服务:配套有幼儿园、实验小学、中学、高级中学、职高、大学城等教育机构。

(5) 医疗服务;配套以新建的太平医院为中心，结合覆盖全街道的社区卫生服务站，全面提供卫生防疫、体检、医疗和救护等服务。

2. 人才服务平台。为入园企业搭建一站式服务平台，提供高素质的管理人才、创作人才、技术研发人才、营销人才、高水平的开发人员以及科研技术保障。

(1) 充分利用省、市的人才引进政策，采取“走出去，请进来”的办法，定期为企业在省、市人才市场筹办各类专场招聘会。

(2) 充分利用长三角高校密布的优势，与高校及培训机构建立合作关系。园区已挂牌成立了“南京师范大学苏州文化产业发展研究院”“相城区青年见习实习基地”等一批交流合作基地以及苏州大学、南通大学、常熟理工学院等10所高校实习基地。

(3) 技术服务平台。现园区挂牌成立了“江苏国家数字出版基地”“江苏省科技创业园”及“文创园”知识产权数据库等，为入园企业提供了相关配套服务及公共运营服务平台。

苏州阳澄湖数字文化创意产业园的经验表明，我们必须由粗放型增长向内涵型增长转变，由数量型增长向质量型增长转变，由主要依赖国际资本向培育壮大本土资本转变。创新，必将成为我国转变发展方式的动力之源。

『美丽经济』的华彩转型：苏州虎丘婚纱以文化生活创意引领发展

20世纪80年代，在“吴中第一名胜”的虎丘古塔下，集丝绸、刺绣、绘画等多种艺术审美于一体的“婚纱产业”在此落脚，经过30多年的发展，逐渐形成了闻名遐迩的“虎丘婚纱一条街”。作为全国知名的婚纱市场，目前共有婚纱经营户1200余家，门店数量居全国各大婚纱市场之首，并从原来单一经营婚纱发展到目前的旗袍、晚礼服、头纱、配饰等几百个品种，各种婚纱摄影器材、影楼用品和婚纱辅料等相关产业也在这里集聚，婚纱生产销售总量占到了全国总量的70%左右，和世界上30多个国家有业务往来，订单长年不断，不断满足广大民众的文化消费需求，为苏州古城的经济、文化和社会烙上了时代发展的印记。

一、被历史机遇逼出来的策划

“虎丘婚纱”尽管在外声名显赫，但在内却面临着诸多尴尬。一是延续多年的“前店后厂”的小作坊生产经营模式，靠的是跟踪仿制，以低价竞争赢取市场，缺乏自主创新的品牌，缺乏高端产品。二是虎丘地区的婚纱产业是自发形成的，缺少统一的发展规划和引导，婚纱生产、销售、仓储各自为政，抗风险能力较弱。三是虎丘婚纱市场的商业氛围与虎丘风景区的休闲旅游氛围格格不入，相互制约。

2010年3月，苏州市委市政府启动了3.5平方公里、总投资约为175亿元的虎丘地区综合改造工程，目标是使虎丘地区成为吴文化的核心区域和苏州的“城市客厅”，成为“历史人文首推之地、旅游休闲首访之地、生态宜居首选之地、城市品牌首席之地”，在用地功能上突出了文化旅游功能。与此同时，虎丘周边10公里范围内又相继出现了相城中国婚纱城、好百年国际婚纱广场两个大型婚纱市场。虎丘婚纱产业面临着不升级则衰败、不聚则散，必须转型升级、做强做优的严峻局面。历史机遇迫使我们按照“引领全国，面向国际”的目标，强化自主婚纱品牌的设计生产和销售，将原来的“虎丘婚纱一条街”策划打造成集婚纱礼服、创意设计、品牌孵化、展览展会、电子商务、文化旅游为一体的多功能、多情景婚庆主题的产业集聚地——“虎丘婚纱城”。

二、策划助推虎丘婚纱走上品牌化之路

虎丘婚纱礼服的营销方式，从20世纪八九十年代的租借为主发展到部分新人购买现货婚纱，再发展到开始细分为不同档次并选款式定制和专门设计定制，婚纱正式进入到了个人购买消费的领域。在新人心中，婚纱礼服不只是一件衣服，而是自身价值的一种彰显，是一种心理的自我实现，他们不再满足

于模仿国外产品的款式，更注重婚纱款式的个性化、面料和做工。婚纱消费方式的转变，为自主品牌的创立创造了条件。因此，在策划虎丘婚纱城的功能设置中，专门规划建设了一个 23026.66 平方米的包括创意设计师工作室、新品发布、设计师培训功能的创意设计和展示中心，引进国内外知名设计师品牌，为设计师作品提供展示的平台。在交易区域内专门辟出知名品牌婚纱交易区，为国内外的婚纱品牌搭建展示交易平台，为新人提供注入设计师灵魂的嫁衣定制。成功的策划和完美的建设，吸引了王微微、桂由美、Anne Barge、Jesus dei Poz、Jenny Packham、Enzoan、VIVAN 等国际知名品牌婚纱和名瑞、龙宝、Badgley Mischka 等国内品牌婚纱争相入驻。国内外品牌婚纱企业的入驻，起到了一石激起千层浪的品牌创造效应，加剧了虎丘婚纱企业在婚纱产品创意创新上的激烈竞争，迫使苏州本地的婚纱企业抛弃临摹仿造方式，转而加大了婚纱设计的创意创新步伐。创意设计推动了产业升级，虎丘婚纱产业的发展将逐步由设计师品牌取代传统的商业品牌店。

三、策划催促婚纱产业与婚庆产业和旅游产业的融合发展

根据国家商务部与中国结婚产业调查统计中心联合发布的《中国结婚产业发展调研报告 2006—2007》，2007 年以来，20 世纪 80 年代中后期出生的人群进入适婚年龄，我国每年结婚的对数平均增幅超过 10%，未来几年中每年新婚数量平均约为 1200 万对。随着长三角、珠三角、环渤海地区的人均收入增长、消费升级，以及青年群体个性化婚礼需求的兴起，婚庆消费将步入一轮高增长期，婚庆创意产业成为一个充满巨大商机、前景看好的朝阳产业。婚庆消费市场的快速发展，引发婚纱礼服产业链和婚庆服务产业链的重构，推动了整个婚庆行业商业模式的转变。

虎丘婚纱城紧邻虎丘风景名胜区和山塘历史文化街区，旅游资源得天独厚。在婚纱城项目规划设计中，立足古城悠久历史、人文底蕴与秀美的山水风光，为了使婚纱产业与旅游产业相得益彰，成为中国婚恋旅游先行者、爱情圣地和婚恋天堂，根据区域的地理特征和战略定位，将优越的生态环境与美丽的婚纱产业、特色的“花”文化以及传统的水文化有机融合，重点加强婚纱城与金鸡墩主题公园、爱情主题酒店的联动，完善配套体系，将虎丘婚纱城打造成集特色购物、生态观光休闲、旅游接待等功能为一体的幸福花园，既为吴地文化注入活力，也使文化成为经济发展的要素和动力。

为满足当代青年多元化、时尚化、个性化、高档化、追求浪漫场景和优质服

务的婚庆消费需求，品牌婚纱采购、品牌婚纱摄影、高档的婚宴、精致的婚庆用品以及个性化、高层次的服务越来越值得重视。在策划虎丘婚纱城产业结构时，就确立了顺应消费观念和需求转变的潮流，以品牌创意为引领，以吴地文化为支撑，以商旅联动深化虎丘婚纱为内涵，婚纱产业的发展与特色旅游相融合的大方向。以婚纱礼服行业的设计生产营销为龙头，整合婚庆行业的婚纱摄影、婚庆服务和婚庆用品，融入虎丘风景区旅游，形成一条完整的产业链，构建出一个以爱情为主题、多业态组合的婚庆文化产业园，为新人们提供一站式创意婚庆服务。

四、创意创新拓展生意

用电子商务拓展虎丘婚纱的产业渠道。电子商务的蓬勃兴起，给传统制造业、服务业带来了深刻的变革。虎丘婚纱城在商务运作体系建设的过程中，同步建设了网上婚纱城，通过网络平台的专业化设计、功能齐全的物流配套、优质完备的销售服务，建立起服务快捷、功能强大的电子商务平台。通过这个平台，消费者能享受婚纱的定制、试穿、购买、售后等一条龙的便捷服务，从而拓展虎丘婚纱的产业发展渠道，扩大品牌影响力，并以优质的服务和完善的管理将虎丘婚纱产业品牌进一步推向全国、推向世界。

策划各类展会，打造虎丘婚纱的产业品牌。虎丘婚纱城创新了展览、展会的功能设计，通过举办新品发布会、开展时尚走秀等活动，经常进行国内外婚纱新品、流行趋势发布等活动。通过这类不间断的时尚盛宴，将虎丘婚纱产业推向一个新高度，从而确立虎丘婚纱城婚庆时尚地标的地位，在消费者心目中塑造虎丘婚纱产业的品牌形象。同时，通过建设婚博馆、婚俗文化村等，创办永不落幕的“婚博会”，为企业提供集中宣传展示平台，为消费者提供不同时期不同文化背景下的婚俗展示与婚俗体验。

“美丽经济”意义独特，“美丽经济”前景诱人。发展“美丽经济”，创造美丽文化，搭建服务平台，促进交流合作，打造一支强有力的产业队伍，必将推动“美丽事业”的发展。而对爱情主题的生活演绎，又必将大大提高人民群众的幸福生活指数。

苏州镇湖刺绣创新拾珍

苏州高新区镇湖位于苏州最西部，濒临太湖，三面环水，生态优良，风景秀美，是中国四大名绣之一“苏绣”的发源地和主要产地。苏绣在镇湖已有2000多年的历史，10多年来，苏州高新区工委管委会大力扶持镇湖苏绣文化产业发展，加快刺绣人才培养步伐。目前镇湖2万人口中，有8000名绣娘，其中，省级大师7名，省级名人11名，高级工艺美术师38名，中初级职称的绣娘100多名，此外还有姚建萍、姚惠芬、卢福英等一大批苏绣非物质文化传人。10多年来，高新区在镇湖先后建成了集刺绣产销、展示评比、观光旅游、技艺研发等功能于一体的“绣品街”“中国刺绣艺术馆”“镇湖苏绣艺术展示中心”“苏绣文化创意产业园”，使镇湖成为全国最为著名的刺绣制作中心和销售集散地。目前，国内80%以上的苏绣作品产自镇湖。镇湖苏绣不仅畅销全国，还远销日本、欧美和东南亚等国家和地区。

姚惠芬刺绣作品《葡萄少女》

姚惠芬刺绣作品《写意牡丹》

姚惠珍刺绣作品《百子图》

镇湖苏绣以精美的绣工、多变的针法和丰富的题材著称。近年来，镇湖苏绣在创意、种类、针法等方面不断推陈出新，产品技术和艺术表现形式都有重大突破，作品在国内外大型展览及评比中屡获殊荣。2005 年，镇湖苏绣被第一批列入国家非物质文化遗产保护名录。2000 年和 2006 年，镇湖先后被文化部命名为“中国刺绣艺术之乡”和“国家文化产业示范基地”，2006 年被国家旅游局授予“全国农业旅游示范点”称号。2008 年，镇湖刺绣协会荣获“全国三八红旗集体”荣誉称号，2011 年，镇湖绣品街被评为“国家级特色商业街”。2013 年，中国刺绣艺术馆景区创建“国家 AAAA 级旅游景区”通过验收。

镇湖刺绣的改革创新

镇湖苏绣有着近 2000 年的悠久历史，通过无数代镇湖人的共同努力，无论在技艺上或艺术表现上镇湖刺绣都得到了长足的发展，尤其是改革开放 30 多年来，镇湖人在保护和传承刺绣艺术的基础上，直面诸多艰难与险阻，不断开拓创新，战胜自我，超越自我，从而顺乎文明之潮流，体现时代之脉动，创造出了无数刺绣艺术奇葩，展示历史之未来，让镇湖刺绣在艺术之苑独领风骚，影响深远！

一、技艺技法创新

艺术只有在求新求变中传承与发展，才能保持旺盛的生命力，不断促进人类文明的进步。镇湖人聪明能干、吃苦耐劳，镇湖的刺绣艺术者更是心灵手巧、独具匠心。随着刺绣题材的拓展，为了更好地表达刺绣的艺术魅力，需要不断地对绣技进行革新和研发。

近几年来，镇湖刺绣在技艺技法上创新的步伐也在不断加快，硕果累累。2011 年，邹英姿大师首创的“滴滴针”经过多年来的研究、探索与实践，正式获得国家发明专利局授权，这是近年来刺绣针法发明的首次突破，不仅是镇湖绣娘个人绣技的一次重大提升，更意味着苏绣技艺传承发展历程中一次里程碑式的进步与创新。

邹英姿滴滴绣作品《缠绕》

还有一位“一生深爱针与线”的朱寿珍大师，她在将艺术生命的触角伸向世界级名师的印象派作品领域时，勤于探索、勇于创新，如《日出》的绣制，她就创造性地运用了许多针法：用旋转针使太阳的光形立体效果更强烈，用笔艺针加强云的动感，用飘逸针和点洒针使水中的景、雾浑然一体，产生忽有忽无的感觉——上述这些针法，都是朱寿珍独创的。

镇湖刺绣技艺技法的创新如粒粒闪光的珍珠，串在每幅杰出的绣品之中，

2003 年，邹英姿的苏绣作品《问佛》获江苏省工艺美术最高奖“艺博杯”特等奖

2007 年，邹英姿苏绣作品《我的家》获“中国文化产业博览会江苏省工艺美术精品展(南京)艺博杯”特等奖

朱寿珍刺绣作品《毛主席在庐山》

这些光芒，也促进刺绣艺术者进行又一轮的求新求变。

二、题材内容上的创意

徜徉在镇湖绣品街，在每个绣庄里可以看到可爱的“小猫”、展翅欲飞的“蝴蝶”、活泼的“金鱼”这些传统的刺绣题材，也可以看到流露着神秘微笑的“蒙娜丽莎”、雍容华贵的“杨贵妃”以及目光亲切、平易近人的“邓小平”，当然还有堪比敦煌壁画的“古月清风”、凡·高的“向日葵”、酷肖青铜器的“犀尊”，等等。

姚建萍的苏绣作品《英国女王》被英国白金汉宫正式收藏

人们之所以能欣赏到这些林林总总、琳琅满目的艺术精品，都有赖于刺绣艺术者在创作题材上的创新。在这里，任何艺术家、任何题材、任何风格都能被接受，绣娘们都能将其转换成优秀的刺绣艺术品。经过这些年在刺绣题材上的不断探索创新，镇湖刺绣的艺术领域已开阔无比。

三、科技与工艺的结合

镇湖刺绣艺术者近年来不断探索创新，与各界进行多元化的合作，在刺绣艺术上走出了一条不同寻常的艺术创新之路。如梁雪芳大师近年来积极追求

梁雪芳苏绣作品《荷韵》

题材的独特性，特别是自她在苏州工艺美术职业技术学院执教授课以来，其刺绣作品在装饰与工艺上的结合常有创新。她还提倡刺绣要采取无框装饰，为此，她建议可用纳米技术对刺绣作品进行防尘、防腐、防潮处理，这也是刺绣另一层面的创新；还有陈英华与南京紫金山天文台合作的星空系列，也是科学与苏绣工艺结合的很好典范。

王丽华刺绣作品《藏童》

四、人才培养的创新

在20世纪八九十年代以前，镇湖绣女的技艺传承还主要限于母女、婆媳、姐妹等家人或亲属之间的口传手授，虽然也存在师徒之间的传授，但都存在极大的局限性。

到了20世纪90年代，外地有许多年轻绣娘来到苏州，拜顾文霞、任嘒娴等苏绣大师学艺。她们起早摸黑赶路学艺，有的甚至在苏州市区租房请老师上门教授。

再后来，在努力改变单一的师承方式的同时，镇湖许多刺绣艺术工作者自觉进修培训学习新的知识，广泛结交文学艺术家、策划创意师，善于接受先进的理念，不断提高自身的刺绣创新能力。

现在，从过去拜学工艺大师到今天拜学艺术大师，进国内外高等学府、艺术殿堂进行深造，这个过程在艺术上是一个重大转型，必将推动着镇湖刺绣向更高的艺术方向发展。

镇湖刺绣人才的金字塔结构

镇湖街道总人口为2.1万人，规模刺绣企业有30余家，刺绣产业从业人员1.2万余人，在一线从事刺绣制作的绣娘有8000多人，从事刺绣设计、生产、销售及与其配套的花线、木工工艺、油漆、包装、物流的有4000余人。

梁雪芳苏绣作品《清奇古怪》

成立于1998年的镇湖刺绣协会现有卢福英、姚建萍、梁雪芳、姚惠芬等高级工艺美术师31名(其中:江苏省工艺美术大师7名,江苏省工艺美术名人11名),中初级工艺美术师150余名,一批年轻的绣娘、绣郎们也在刺绣艺术之路上茁壮成长。

近些年,一批苏绣大师名人涌现出来,有的还成了国家级非物质文化遗产(苏绣)代表性传承人。大师们与国内外的美术馆、博物馆等专业性艺术机构也加强了联系与合作,从而进一步扩大了镇湖刺绣的影响力。

上述总结表明:镇湖的刺绣人才结构呈金字塔形。20多年来,镇湖培养出了一批大师、一批名人、一批高工,街道还与苏州工艺美术职业技术学院合作开设了定向招生的“刺绣专业大专班”,设立“镇湖苏绣新人才”奖学金,培养了一批新人,各级政府更是对之给予了高度重视和大力扶持,比如举办刺绣高端学术交流等活动,以加快刺绣人才培养,从而率先走出了一条独具鲜明特色的文化艺术之路。

苏州与奥运同行：北京奥运会倒计时一周年庆祝活动策划案

策划案主题

北京奥运会倒计时一周年庆祝活动。

策划案背景

1. 北京奥运会作为中国举办的最高规格的一次体育盛会，为世人所瞩目，这届奥运会也成为当时人们最关注的热点；

2. 北京奥运会全国性宣传活动的需求；

3. 北京奥运倒计时一周年，是申办成功到正式开幕之间的重要时间窗口；

4. 苏州人对大型活动缺乏激情的性格，需要利用一个特殊事件来扭转；

5. 经济发展较快的苏州市，需要借助奥运组织一次大型城市形象公关活动。

策划思路

北京奥运会的三大主题为“科技奥运，绿色奥运，人文奥运”；苏州是一个拥有2500多年历史的文化名城。为此，策划从“人文奥运”的主题切入，结合中华民族“祈福、祝愿”的传统，选择了以放飞“孔明灯”为形式，以“点燃心中希望，放飞奥运梦想”为核心主题的特色庆祝活动，借以充分表达苏州人民对北京2008年奥运会的良好祝愿，并以此来配合北京奥运会倒计时一周年的庆祝活动。

方案实施

活动分推广、征集和实施等三个阶段展开。

1. 造势阶段

该阶段的主要工作是为活动预热，积聚人气，吸引市民的广泛关注。

（1）在观前街和石路两个苏州最大的商业核心地段开展路演进行推广；

（2）通过新闻发布会暨启动仪式向社会及广大市民告知、推荐本活动；

（3）通过现场、电话、网络等多种渠道招募活动志愿者；

（4）广泛征集市民百姓对北京奥运会的美好心愿和祝福语；

（5）专门开设一个活动主题网站，较好地利用网络平台宣传活动，同时也便于广大市民了解和参与本次活动。

2. 筹备阶段

（1）拟制活动流程、安全保障等文件；

（2）协调政府宣传、体育、公安、交通、新闻媒体等各有关部门和参与活动的人员及团队；

（3）确定活动主会场；

（4）准备放飞活动用品。

3. 正式启动

2007 年 8 月 8 日晚，全市人民通过现场参与和观看电视、收听广播的直播等，共同见证了一个重要而有意义的历史性时刻，数千市民欢聚桂花公园主会场，共同放飞孔明灯，为北京奥运加油，为伟大祖国喝彩。

项目评估

本次公关活动，不仅较好地把握了“事件”的良好契机，构思了一个富有文化内涵的创意形式，更重要的是成功借助媒体，积极而有效地推动了活动的组

织和实施。除了必要的广告宣传外,更多地通过事件新闻的形式进行传播,实现了很好的传播效应,提升了活动的影响力。特别是,本次活动通过成功把握“事件”的有效契机,赢得了政府相关部门的重视和支持,活动也吸引了来自苏州市及外地约40多个媒体的关注和积极参与,尤其是苏州广播电视总台的一套广播节目和一套电视频道的全程直播报道,更好地宣传了本次活动,营造了良好的宣传氛围,获得了积极的社会反响。

本次公关还特别受到了北京奥组委的关注,并向本公司发专函表示感谢。

人文

姑苏晚报

第2叠

61件九连环参展“扬帆奥运”

苏州民间玩具将在奥运城市巡展

今秋阳澄湖畔看“山花”

第八届中国民间文艺山花奖颁奖典礼今秋落户相城

大学生街头“奖”文明

积极全民健身 热情参与奥运

我市昨晚举行奥运倒计时一周年活动

大热天如何保护你的爱车?

国家级民间文艺大奖今年“山花奖”在相城颁

“奥运孔明灯”放飞夜空

苏州昨欢庆北京奥运会倒计时一周年

社区“百米人链”迎奥运

苏州人主编奥运书籍

一幅画造就了一个产业

周庄，位于中国经济文化最为活跃的长三角地区核心地带，东连上海，西邻苏州，紧靠沪宁、沪杭、苏嘉杭等高速公路。镇域面积38平方公里，古镇区1平方公里，镇为泽国，四面环水，是江南水乡文化的典型代表。20多年前，著名画家陈逸飞的油画《故乡的回忆》，让“养在深闺人未识”的周庄一鸣惊人，并获得了“中国第一水乡”的美誉。从此，周庄便与画结下了不解之缘。

画家村，画出一个新产业

清澈的河水、邻水的民居、弯曲的石板路、各种形态的老石桥，保存完整的水乡小镇建筑格局，清晨的袅袅炊烟，晚霞中的粉墙黛瓦，河水中的婆娑月影，雨后的砾石小径，周庄的一年四季、雨雪骄阳都能构成一幅幅丹青水墨或油彩水粉。水乡古镇的美丽和宁静幽雅的环境，吸引了大批来自日本、澳大利亚、德国以及国内各个流派的画家乃至艺术院校的师生前来写生、作画，周庄旅游出现了新的商机。

借深度游、文化游的东风，2007年，周庄创意出“画家村”文化产业园区。在“画家村”里，建有艺术馆、写生基地、画家公寓等一批功能设施，引进了一批画廊及专业中介机构，成为激发创意灵感、吸引创意人才、集聚创意产业的新载体。130余位国内外画家入驻并设立个人艺术工作室，10余位顶级画家建起个人美术馆。随着先行文化、金海贝艺术、黄江艺术等艺术品生产性企业在园区陆续落户，形成了集艺术创作、交流展示、教育培训、贸易销售为一体的国际画家村，一条完整的美术品产业链初步形成。

艺术馆，带动创意集群

2009年，周庄又斥巨资打造国际艺术品博览中心，配套建设了交易展示馆、研发设计中心、艺术博物馆和教育机构，旨在打造华东地区规模最大、专业化程度最高、辐射能力最强的艺术品交易基地。开业以来，已吸引50余家艺术品企业和经销商入驻，近10家全国一线品牌艺术品生产企业在此开设旗舰店，多家企业进驻建立研发中心。同时与旅游市场对接，成为与古镇旅游配套互补的文化旅游景区。目前，艺博中心已成为集艺术品展示销售、产品发布、文化旅游为一体的综合艺术区。

与艺博中心的展销相结合，在画家村原创艺术的基础上，总投资约10亿元，在艺博中心周边建立了艺术品生产片区，通过闲置厂房的置换、租赁等资源整合腾出空间，先后引进了画龙无框画、旭博卡纸、列奇家居饰品、吉品饰家、画之家公司、文画股份、辰宇艺术、艺饰家等美术品相关艺术品生产企业近20家在此建厂，实行内外销售。2011年就实现了艺术品销售2亿元，艺术品出口200万美元。

一个目标，打造全国画品核心基地

目前，随着国家级文化产业示范基地的成功创建，画家村、画工厂、文化创意产业园、艺术博览中心等一系列文化项目载体的先后落户，周庄古镇旅游区的150家艺术品销售门店、画家村的原创艺术、艺术品生产片区的企业和艺术品博览中心等四大艺术区域已初具规模。周庄大力实施"创意驱动、文旅互动、市场运作"的发展战略，将依托美术产业的发展基础，进一步提升业态、完善功能建设、抢抓艺术人才引进、强化设计研发引领，不断丰富和完善产业链，逐步形成产业集聚、功能完善、业态丰富、特色鲜明的文化产业集聚区，力争成为全国画品类核心基地。

滴滴绣：中国刺绣中的纳米针法绣

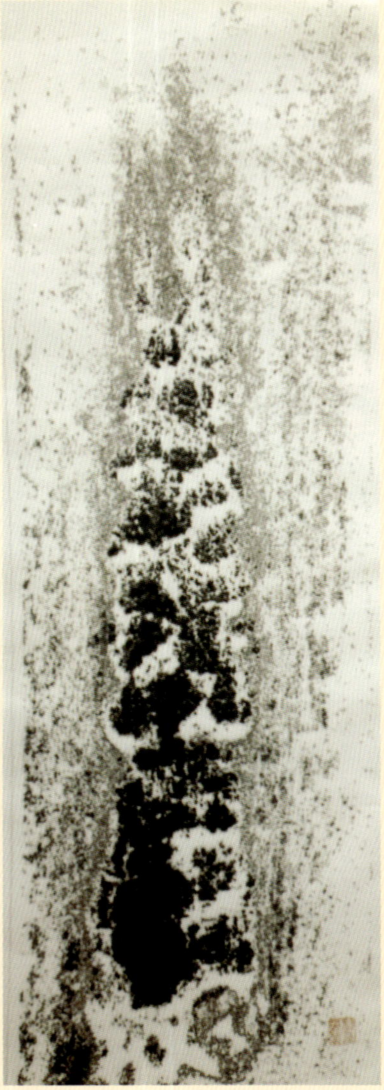

滴滴绣作品《雨后》

滴滴针法的灵感来源于记忆中千层纳底鞋上针脚的立体感觉，蕴含着“慈母手中线，游子身上衣”的情感。

滴滴，指的是在生活里每个点点滴滴爱的积累，体现温暖、厚重、沧桑。

滴滴绣，以孝为先的一份情感，报以涌泉的含意，是用纯蚕丝线以点状的形式在规定的绣布上完成整个刺绣图样。其特点为：

1. 表达空间艺术感觉（立体感加强）；
2. 丰富物体结构，体现张力；
3. 色彩表现更丰富；
4. 表现题材更宽（平面—立体）。

技近乎艺，艺近乎道。道者，万物之所然也，固，欲善其绣，必修其身，必近其道。技法需勤学苦练，艺术需素养熏陶。而刺绣之道不仅仅在于体现绣者的精湛技术和艺术素养，更在于体现了绣者的灵魂和境界。

雨后，似仙子舞过，羽衣化烟。迷蒙了林野，拂绿了山川，笋儿噼噼啪啪地破土而出，竞相地呼吸着清新空气，欣赏着这烟雨中的江南。

作品名称：原创滴滴绣刺绣《红·言》
作品尺寸：178.5cm×103.5cm
作品简介：

2011年1月20日冬天太湖：水天一色，漫天飞舞的雪花，悄然落在每个角落，积成松软的、晶莹剔透的如棉被般的积雪，柔软、纯洁。我解下脖子里的红围巾，下意识地将其扔进这纯净又孤寂的世界里，红围巾随风飘动，与雪花激情共舞，与雪地热烈相拥。霎时，我的心好温暖、好感动……

创作、刺绣：邹英姿
创作年代：2011年

邹英姿简介

邹英姿，生于中国江苏苏州。江苏省工艺美术大师，研究员级高级工艺美术师，中国青年刺绣艺术家，全国青年优秀工艺美术家，江苏省优秀青年民间文艺人才，中国刺绣技法创造发明专利证书第一位获得者。中国工艺美术协会中青委副主任委员，民主促进会会员，苏州市姑苏区政协委员。

6岁开始随母亲学习刺绣技艺，并潜心研修画理，终得中国刺绣艺术的精髓。在继承传统刺绣工艺的基础上，融绘画、摄影艺术于作品中，博采众长，形成自己较为独特的刺绣艺术风格。多次在国内外工艺美术大师评奖中获得殊荣。

凭着自己对刺绣艺术的独特的领悟与诠释将传统的刺绣工艺不断推新，尤其是在刺绣艺术题材的原创和针法的创造及创新方面进行了孜孜不倦的探索。2008年，发明创造了“邹氏滴滴针法”。为刺绣艺术的发展做出了卓越的贡献。

2005年，继一代刺绣大师沈寿参加巴拿马世界博览会后，第二位中国苏州刺绣艺术家参加日本爱知世界博览会并现场演示，展出大型苏绣作品《古月清风》；并于2013年3月英国伦敦大学美术馆进行为期半个月的滴滴绣刺绣展览，滴滴绣作品《缠绕》被英国大英博物馆永久收藏，弘扬了苏绣艺术。

不用敲就能演奏世界名曲

三十二件套编钟

2014年4月第三届中国苏州文化创意设计产业交易博览会开幕。我市工艺美术大师金海鸥刚刚研制成功的我国第一套融合古今音乐表现形式的新型编钟，进入苏州国际博览中心布展。记者了解到，有了这套名为“智能编钟演奏家”的新型编钟，寻常百姓若想欣赏古代宫廷雅乐，除了通过电视、电影、网络等渠道外，在家就可随时实现。

早在1983年，金海鸥就试制成功了我国第一套“仿古双音编钟”，并获国家科学技术进步二等奖。1999年，他研制成有史以来规模最大的一套国家级礼乐重器“中华和钟”，被定为“国宝级艺术精品”，入选吉尼斯纪录。他的作品被故宫博物院、南京博物院、大钟寺博物馆等收藏。

为了让更多的人了解高雅的编钟文化，让传统音乐与当代社会生活紧密结合，金海鸥研制射击类古代编钟的当代版——“智能编钟演奏家”，通过电脑编程，将音乐软件与编钟的自动敲击演奏系统完美结合，使“古代音乐文化”与“现代智能高新科技”相结合。编钟的智能演奏，钟声朗朗，让上古绝响——青铜双音编钟“一钟双音”的音乐魅力与深厚中华文化底蕴重现在世人面前。

本次展出的三件套“智能编钟演奏家”，由传世的三种编钟款式钮钟（小）、甬钟（中）和镈钟（大）构成，每个钟都能发出两个乐音。全套编钟连架总重为18.3千克。与古代编钟需要专门的乐工演奏不同，“智能编钟演奏家”不用敲，只需插上电源，连通电脑，就可欣赏到《春江花月夜》《婚礼进行曲》《东方红》等古今中外名曲。据金海鸥介绍，这次试制成功的“智能编钟演奏家”属小型编钟，适用于家庭或小型聚会场所。接下来，他将研制大型仿古编钟的智能化演奏编钟。

太湖窑变古今 澄泥瓷润天地

现代人生活的节奏是快了，繁忙琐碎间，偶尔一回头，常常会发现自己似乎疏忽了点什么，缺少了点什么。在节奏匆匆的生存状态下，心灵的自由和精神的富足总是难以到位。于是，我们就有了将脚步停下来、慢下来的想法，试图给自己留出片刻的余暇，气定神闲地品鉴生活、品味人生。于是，"太湖窑"伴随着太湖谣从远方走来，向我们靠近，进入我们的视线和生活，旗帜一样引领我们风雅起来。

人有心，土有神。"太湖窑"主人冷赟玲怀着对苏州这片土地的深深热爱，潜心研究设计与烧制代表太湖流域文化的陶瓷艺术作品。太湖窑制作过程中所需的材料，大多取自太湖流域本土。有亿万年历史的太湖，累积融合了各种有机物，而鱼类水生植物以及花草树木又使得太湖湖底的沉泥拥有特殊的黏性与丰富的矿物质，正是它们构成了陶土基本的可塑性与独特性。

冷赟玲以太湖果树树枝为燃料，让燃灰附着在器物表面，在制作过程中，或配入阳山高岭土，或加入含玛瑙成分的独特色釉，使得太湖窑澄泥瓷独具太湖流域文化特色。经1300℃高温烧制后器物形成天然肌理，看似出土化石。这种借助柴烧所产生的沉淀感，使陶瓷作品在显得厚重、凝练的同时又透着些许欲语还休的沧桑。这是个"80"后的年轻女子，与她高高的个子形成反差的是她小巧的双手，她的手皮肤不白，有着土色，却又细腻，据说是因为陶土所含矿物质对皮肤养护的结果。

为了彰显苏州的文化特色，冷赟玲和她的团队把昆曲人物、园林亭阁、太湖山水等元素巧妙地融入陶瓷作品，使之由内而外地彰显出吴地的地域特色。

冷赟玲简介

冷赟玲，1980年生于太仓，1996年毕业于苏州工艺美术学校装饰绘画专业，2005年毕业于中国美术学院陶瓷艺术专业，2010年苏州大学艺术学院艺术硕士研究生毕业，2007年开始创办太湖窑陶艺工作室。工艺美术大师，职业陶艺家，江南十大新锐创意策划师，首届全国百名优秀环境艺术师。

作品《印象》获2009年江苏省工艺美术"艺博杯"首届陶艺创新作品展银奖，《霁·月光》获2011年当代陶瓷艺术展优秀作品奖，《天地之初》获2012年博山杯大奖赛铜奖，作品《天地之初》《碧波湖上》获2012年中国当代陶艺大展入选奖。

假山石组合

在冷赟玲这里，似乎每个艺术类别都能那么融洽地融入"太湖窑"——中国画、版画、油画、雕塑等工艺美术技艺以及人物、山水、花鸟等题材。在冷赟玲眼中，"太湖窑"就是一个从文化格局入手，既沿袭地方人文传统，又带有创意的文化品牌。由"太湖窑"研究开发出的昆曲系列茶具、对瓶、文房用具，由国内著名画家顾迎庆及其研究生团队创作。创作团队通过花3年多的时间研读昆曲历史与剧本，观赏表演艺术家一招一式的演出，交流与写生，才将《牡丹亭》中的"惊梦"一折以中国水墨写意的手法烧制在瓷器之上。目前，该系列作品正在申请国家专利。与"太湖窑"长期合作的大师还有国家一级美术师袁进华、雕塑家温朝勃、中国美术学院教授翟小实、景德镇陶瓷学院教师朱斐翡等，他们共同合作开发了桃花坞木刻年画系列陶瓷作品。这一系列专业化、高层次的模式创新和文化提升，让"太湖窑"迅速成为陶艺界刮目相看的一个品牌。

澄泥陶瓷作品《湖上之光》

冷赟玲始终坚持创造具有苏州文化特征的陶艺作品，并注入更多的原创设计理念。江南的女儿，立足苏州，将这一方水土滋养出的文化融入陶艺作品中，使其既具有明显的"苏式"韵味，却又不失时代印纪，不一味缠绵于旧日繁华，发出了一个当下的泥土的诉说。冷赟玲，这个游刃于瓷和陶间的女子，就像手中的作品一样，含蓄内敛，又坚忍执着，只为使陶艺之美能够传入千家万户。

澄泥陶瓷作品《翔》

澄泥陶瓷作品《繁花似锦》

澄泥陶瓷作品《高山流水》

江南水巷

精英写真

Chuangyijiangnan

水巷寻梦

落地窗外，高楼大厦鳞次栉比，大片湖景美不胜收。飘窗前“上下”品牌的茶桌、木椅、花架与苏州新地标“东方之门”隔湖相望，共同诠释东方之美。下方一款名为“勇敢的心“的积木结构经典立灯，静静侍立在如有东方美学“远山黛眉”意境的 B&B 造型沙发旁，体现了设计师“东形西韵”的审美爱好。这个被誉为“苏州最美 OFFICE”的办公室是吴严 2013 年创作的又一个优秀空间作品。

吴严的办公室位于苏州金鸡湖畔国际金融中心 18 楼。由其创办的“两个天堂”企业于 2013 年 7 月迁至苏州园区。身为首席商业空间设计师的董事长吴严面对 1000 平方米的办公空间，以“结合构造”为设计主题，运用黑色石材、柚木饰面、枫木底板和镀膜灰玻结构的整体空间色调中性冷静，三五件正红、果绿、橙黄的家具和灯具出挑其间，令整个空间气质款款，落落大方。

吴严，杭州人。创业于苏州。首届江南十大策划师获得者之一。

13 年来，吴严这个出生杭州创业苏州的商业才子亲手创立了三个华东乃至全国知名的餐饮品牌：“钱塘茶人”“战锅策”“三千粉”，全国连锁达 150 余家店。其中“三千粉”尤其发展迅猛，短短一年就以惊人的速度开放 30 余家连锁店，品牌覆盖苏州市区，延伸至上海、南京、杭州等一线城市。

创意创造生意

多年的朋友对吴严的评价是：他“天生对钱有敏锐的嗅觉，总是可以准确闻到金钱集聚的方向”，“看得准也起得早，总能赶上早市”。

学中文的吴严，是同学中最“不务正业”的书生。他被分配进一家单位后连办公椅都没捂热就辞职下海，从做外贸生意到开出租汽车公司；30 岁出头时，他和他的公司在号称天下浙商故里的杭州私企圈子里也已搏出些小名气。

1999 年国庆，满脑子想的还是扩大出租汽车公司规模的吴严，和妻子到苏州秋游——他自己都不曾想到，在结束这次旅行后，他的商旅从此从一个“人间天堂”转向另一个，在前赴后继的餐饮商海里一路弄潮。

2000 年夏天，吴严以一家杭帮菜馆“钱塘人家”抢滩苏州餐饮市场，仅 10 个月就收回成本。次年，吴严创立的第二个餐饮品牌“钱塘茶人”茶馆又在苏惊艳登场。此后 7 年，“钱塘茶人”全国连锁近 40 家，成为知名商标和服务业名牌。2007 年 2 月，吴严创作第三个餐饮品牌“战锅策”创意火锅餐厅，自此

"战"火蔓延,品牌覆盖全国50余个城市,开放100余家连锁店。

被公认会开店、开店会赚钱的吴严2012年6月再度出手,自创的第四个餐饮品牌暨首个快食品牌"三千粉"牛肉米粉餐厅在苏州生动亮相。17个月后"三千粉"品牌覆盖苏州全区,延伸至杭州、上海、南京等一线城市。开放连锁门店30余家。

"三千粉"被评为"2012—2013最具影响力的快食品牌"。吴严创作的三千粉"新亚洲风"商业空间成为业界新亚洲风设计典范。

13年的创意使得吴严的"两个天堂"企业总部旗下坐拥"钱塘茶人"茶馆、"战锅策"创意火锅餐厅和"三千粉"等三个全国知名的餐饮品牌。从2000年自己开一家店时年营业额840万,到2013年自己始创的品牌店遍布大江南北近150家,平均年营业额4.5亿。

精明于逐利之道的风险投资商们都开始关注吴严公司旗下的新兴品牌。

吴严的商业空间就像他热爱的围棋那样,在苏杭"两个天堂"之间纵横十九路,循着规则,在空间和数量上不断产生变化。

道生一,一生二,二生三,三生万物。

生意做到这份儿上,已经不单单是你追钱,而是钱追你了。

最高级订制:空间为商业而设计

非室内设计科班出身的吴严,现在有一个比品牌创始人、董事长更被权威和民意认可的身份——商业空间设计师。

吴严的室内空间设计被公认是天赋奇才。但是这个天赋是被逼出来的。

2001年,他创办"钱塘茶人"茶馆,进场装修施工过半,美好的设计蓝图平地而起,却让天天蹲守工地的吴严倒吸口冷气:中看不中用!设计师纸上谈兵的沙盘,不能变成可供商战"闪转腾挪"需要的沙场。这样的"美丽"对商人来说可能是"致命"的。自幼打下些美术功底的吴严,不得已拿起设计笔,硬着头皮在自己店的设计稿上画下了修改的第一笔红线。

从"逼上梁山"到"胸有丘壑"的全案主创,吴严在12年间累计创作了数百个商业空间、会所会馆、展览馆、演示厅、家居及办公空间,确立了独树一帜的室内空间风格和相对应的环境陈设、软饰搭配风尚。他擅长将钢材、玻璃、水泥、不锈钢、马赛克等西方现代流行建材的硬朗、粗犷和冷峻与中国乃至亚洲传统建筑元素中的花窗、砖雕、纸伞、古玩的细腻柔美和温暖组合呼应。从“钱塘茶人”的“新江南主义”到“三千粉”的“新亚洲”设计风格，吴严的商业空间具有强烈视觉冲击力，带给人最大程度的时空想象，从而让消费者产生长时间的品牌记忆停留。

近年来，吴严创作的商业空间设计数度登上《时尚》及《TIME OUT》《家居廊》《ID + C 装饰设计》《家居主张》等设计类杂志，受到香港地区的《大公报》、台湾省东森电视台和新加坡星传媒的报道。2012 年年初，吴严的居住空间设计荣获“时尚家居”最具品味奖。2013 年他创作了“苏州最美 OFFICE”“两个天堂”企业办公室，被多家知名杂志报道，并被收录入《2013 年建筑设计年鉴》。

身为商业空间设计师，吴严强调：商业设计之妙，不全在美，而在于商业是空间的目的。空间为品牌的经营销售活动而设计，这才是最高级的空间定制。

创意 =1 条笨办法 +1 条硬道理

“新业态餐饮的店体本身，就是广告媒体，就是商品。”

吴严在“新业态餐饮论坛”的演讲上抛出了《设计：新业态餐饮》的观点。会后，他笑着和餐饮界同行说，这个观点是他作为一个广告创意人表达的。

“好的商人是当然的好创意人，”吴严在 2007 年秋接受台湾省东森电视台《苏州创意人士寻访》节目专访时说，“有生命力的商业必然注入了创意。创意用一句话形容就是不同寻常。不同寻常，永远是商业和商业品牌的溢价部分所在。”

“两个天堂”公司成立伊始，吴严和自己的两个合作伙伴提出了“创意，是一种信仰！”的公司信条。“信仰，就是要信，自信、坚信，也需要全身心投入。”吴严这样描述自己的信仰观，“我的创意信仰是一条硬道理加一条笨办法。”

吴严坚持的“硬道理”——他顶真地说：脑子里没有好创意，也是没有好生意的。好创意、好生意都从手里出来。只有做出来的，才是好创意，才是好生意。

吴严坚持的“笨办法”——凡是动手去做的事，就一定坚持到底做下去。他经常和搭档们说，别把时间都花在想怎么找捷径、抄近道上，就把这点时间花在埋头向前跑闷头向上游。“你们这边还在原地不动找着近道，我倒是实实在在又往前冲了几百米了。”

"三千粉",就这样一个创意的产物。

在创作了中国式茶楼经典品牌"钱塘茶人"茶馆、以社区餐饮为核心卖点的"钱塘人家川浙汇"民肴中餐厅、以年轻消费群体为目标受众的分餐制小火锅"战锅箕"后,吴严差不多有近两年时间在大江南北进行品牌的拓展工作,西到青海西宁,北上京津唐,南下广西,东渡舟山,从内陆到海岛,他发现有一个被广泛传播且品牌缺失的餐饮业态——米粉。

统计资料表明,进入20世纪90年代以来,我们快餐业的营业额一直保持20%以上的增长速度,到2003年年底快餐营业额为1500亿元,约占整个餐饮业营业额的1/5,全国快餐企业与经营网点达到100多万家。在沿海及内陆一些经济发达的地区及旅游城市,快餐已经成为出差旅游、商务往来等流动人口,以及工薪阶层、学生等人群在外就餐的优先选择。据经济学家分析,跨世纪的20年将是中国经济增长的黄金时代,中国快餐业将在2010年进入全面发展的黄金时期。

吴严将"快食""米粉""品牌"三点相连,再一次闻到了金钱汇聚的味道。

他和工作团队成员们走南闯北,一家家埋头研究——现在的快餐市场,各地的米粉种类,在台港澳地区和东南亚,吴严找到了新的创作灵感:参考东南亚设计风格,结合传统米粉制作工艺,通过独特的商业空间创意重新包装传统饮食,提升餐饮娱乐化、愉悦化水平,注重健康,讲究品质,强调消费体验。

于是,吴严和他的团队将"三千粉"定位为快节奏都市客消费的快食餐厅,依托大型Shopping Mall的聚合力,开设"三千粉"牛肉米粉餐厅。"三千粉"亚洲传统设计混搭东南亚创意元素,结合现代感十足的装饰材料,另外在食材选择上也采用了更为营养的原生蔬菜和原产地佐料,精心甄选的盛器也使菜肴品相赏心悦目,通过各方创意改良,将"三千粉"打造成易于大江南北制作的米粉品牌样板。

从2012年下半年到2013年年底,"三千粉"品牌覆盖苏州整个地区,直击上海、江苏、浙江等省(市)的一线城市,开设全国连锁门店近30家;与金鹰、万达、圆融、欧尚等国际国内知名商圈共事合作。

"三千粉"从视觉创意、空间创意、品牌管理等方面与传统快餐形成鲜明的对比,一跃成为快餐行业领军品牌。

应该说,"三千粉"是完全通过市场分析而建立的——这也就是吴严的"硬"道理,亲手做出来的好创意、好生意。

陈辉：求真务实的追梦人

一个人可以一无所有，但是不能没有梦想。“雄关漫道真如铁，而今迈步从头越”，是对梦想的执着和追求！苏州创业领军人才、呈辉集团公司董事长陈辉先生，是中国千千万万个民营企业家之一。他放弃教师“铁饭碗”，“自我下岗”，摆过地摊，是为“敢干”；他一步一个脚印，滚动发展，实业报国，是为“实干”；他以创新促发展，在发展中求创新，是为“巧干”。国家的改革开放政策改变了他的命运，他以实业回报时代；市场经济成就了他的事业，他与社会分享财富和成果。守正中有创新，勤奋中有巧思，务实中有高瞻。他的梦想是“打造‘中国工艺之都旅游购物天堂’、使工艺品生活化，阳春白雪走进寻常百姓家”。他时刻不忘自己的国民身份、民族角色，将自己的梦想与中国梦联结在一起。陈辉的创业史，不仅刻画出了一位中国民营企业家的丰满形象，也折射出了中国改革开放的时代大势，展现了改革开放35年来中国社会“解放思想、解放和发展社会生产力、解放和增强社会活力”的壮阔历程。“天行健，君子以自强不息。”中国梦需要实实在在的托举者，中国改革需要兢兢业业的实干家。

一、梦在前方路在脚下

陈辉出生于福建南平，毕业于福建师范大学数学系，是香港公开大学的工商管理硕士，思维活跃，擅长谋略。创意，这个富有诗意的名词，似乎为他定身打造。

1983年，陈辉在大学毕业等待分配的日子里，为了实现他人生第一次跨越，凭着一辆“铃铛不响、哪儿都响”的永久牌自行车，经过一个半月的辛苦跋涉，从福建南平踩到了北京，实现了年少时候的凌云壮志，近距离饱览了祖国的大好河山。在途经苏州游玩时，苏州丰厚的历史文化激起了他对中华博大文化的深刻感悟。

在下海经商前，陈辉在教师进修学院教了8年的数学，由于对安逸工作不满足和对平淡生活不甘心，他毅然辞掉了“铁饭碗”，1991年义无反顾地跳下商海，决心以“实业报国”。

陈辉摆过地摊，做过鞋帽服装和小鱼小虾短途运输等，靠一点一点积攒和一身身汗水撑起了门面，后来进入房地产界。2007年，在成功开发多项住宅和商铺项目之后，凭着在苏州游览的记忆，陈辉来到了苏州。在他憨厚笑容后面憋着一股劲，做着一个更大的梦：要把地产与文化相结合，打造“中国工艺文化城”，构筑工艺文化创意这个美丽产业。他在学中干，从干中学，以知识致富，

用青春报国，书写了一个“儒商”成功创业的传奇。

以工艺闻名海内外的古城苏州，“暗香盈袖”——苏州园林、名城古镇、幽湖古寺和水乡胜景等秀丽温软的江南风情，特别是烟波浩渺的太湖风光，“水抱青山山抱花，花光深处有人家”，万年以上的人类文脉，引发了无数名流骚客的无尽遐想。“三生花草梦苏州”绝非呓语，太湖的山川秀气，造就了灿烂的中华文化的主流文化之一——吴地文化。自春秋吴越争雄，两千多年的漫长历程里，苏州荟萃了无数中华英杰，留下了众多的名人遗址，其密度之大，传统文化气氛之浓，在国内堪称首屈一指。2002 年 12 月，史树青等四位著名文博专家在全面考察苏州太湖区域的文化资源之后，惊叹不已：“太湖自然风光之秀丽、文化遗产之丰富全国第一、世界罕见！”他们并就利用苏州太湖地区独特的历史文化传统和区位优势、弘扬民族文化优秀传统一事致信中央领导同志。

苏州深厚的人文底蕴深深地吸引了陈辉，他以企业家的独特眼光发现中国工艺美术 11 个大类中苏州竟然拥有十个半。苏州全市从事工艺品生产的企业有 6000 多家，从业人员 16 万多人，仅光福镇及周边地区从事玉雕、核雕、木雕、佛雕、刺绣等手艺的艺人就有 2 万多人；四周还分布着诸如苏州科技城、太湖产业园、“太湖文化论坛”等综合性重大项目。强大的产业支撑，加上诸峰映带、原生态的自然山水，一级空气、二级水质，“光天福地”的优越地理位置，连接苏、浙、沪，通江达海，选址苏州太湖边的光福名镇一定能圆“中国工艺文化城”的梦。中国民间文艺家协会主席冯骥才说：“如果我们把全国的工艺美术集合起来找个地方安家，那么苏州是最合适不过的了”。2007 年，呈辉集团注册资金 3000 万美元，总投资 30 亿元人民币，开始创建“中国工艺文化城”。这一创举得到了江苏省、苏州市各级政府以及中国商业联合会、中国商业企业管理协会、中国工艺美术协会的大力支持。这一项目规划占地面积 1500 亩，总建筑面积 100 万平方米，将形成研究开发、生产配送、教育培训、休闲旅游、电子商务信息等完善的产业链。

实干成就梦想，创意铸就辉煌，现代文化产业推崇“创意为王”。101 岁的诺贝尔经济学奖获得者科斯(英国)曾说：“身处这个大变革年代，每一个文化单位乃至每一个文化从业者都是和谐的‘造血干细胞’。”陈辉大胆设想，小心求证，把握细节，注重实践。经专家学者先后四次论证，终于使文化与文化产业联姻，文化与工艺结合，产业与旅游并行，历史文化与现代文明相融。2008 年 12 月，在严寒的隆冬时节，一个规模宏大的工艺文化工程在风光秀丽的太湖之滨破土动工。经过3年的奋战，一座文化创意设计之城在曾经展现出人类文明曙光的太湖之畔拔地而起。项目首期占地352亩，建筑面积约22万平方米，总投资10亿多元人民币。主要内容有：工艺大师创意坊、海峡两岸工艺文化创意示范街、中国工艺第一街、中工美珍宝馆、呈辉艺术馆、会展中心、销售中心、“金色天堂”以及艺术大酒店等。自2011年11月投入试营运以来，已有来自全国各地的516户工艺品小微文化企业与60余名国家、省、市级工艺大师入驻，行业龙头央企中工美集团等知名品牌企业倾力加盟；并与苏州大学、苏州工艺美术职业技术学院等院校合作设立设计研发中心，共建产学研基地。2012年，吸纳就业人员逾2000人，主营业收入1.36亿元。

中国工艺文化城，不仅代表了一座文化地标，正一步一个脚印，扎扎实实，从“数字时代”“概念时代”走向产业化时代，而这更是中华民族工艺美术品所特有的灵魂之所在。世界手工艺理事会主席乌莎女士参观后动情地说：“以中国工艺文化城这种规模和发展速度，它不仅可以成为中国工艺之都，而且可以成为世界工艺之都。”

二、文化使者联合跨越

德国文豪歌德在晚年时曾吟咏“视我所窥，永是东方”的诗句，这是何其美好的文化希冀，而这也是“中国工艺文化城”心仪的伟大目标。在构思“中国工艺文化城”的蓝图时，陈辉先生高起点规划、高标准建设、配套企业跟进、产业集群式发展，一定要将之建成“中国工艺之都”。这是陈辉的心语，也是他发誓实现的毕生之梦——用全部的心诚、心致和心血，将这个美丽的梦想变成明天的现实。

对此，他一步一步推进，一点一滴集纳，夜以继日拼搏。尽管如此之“拼”，却仍遭到一些人的非议。但他把这些“非议”深深藏在心底，化为艰苦奋斗的内生动力。这位“儒商”充分利用兼任中国商业企业管理协会副会长、中国收藏家协会常务理事、中国工艺美术协会常务理事、澳门闽台总商会常务副会长等有利条件，既当实业家，又当社会活动家，联手中国工艺（集团）公司及江苏省、苏州市工艺美术协会，汇聚、整合“两岸四地”（中国大陆、台湾、香港和澳门地区）中华工艺文化资源，在合作中创新，在创新中合作。

2010年5月，公司在苏州市政府和中国工艺美术行业协会的鼎力支持下，举办了中国工艺文化创意产业峰会暨中国工艺大师精品展，逾千位业内人士来此欢聚一堂，其中有全国各省市工艺美术行业的专家、名人，有港澳台地区

150多位业界友人。会上，苏州市政府与中国工艺（集团）公司签订了《战略合作意向书》，双方建立长期、全面、深度战略合作关系，依托苏州市深厚的文化底蕴，以传承创新为核心，整合全国行业资源，发挥各自优势，通过合作建设“中国工艺文化城”，并以此为载体共同将苏州打造成“中国工艺之都”，推动苏州文化产业的转型升级。正如江苏省委领导在大会欢迎词中所说：“此次峰会，是全国工艺美术行业层次最高的会议，是一次文化行业的盛会，是帮助苏州打造工艺之都的现场推进会。”会上，还与台湾省的“中华国际经贸促进会”、澳门地区的中西文化交流促进会签订了“打造两岸文化创意产业示范合作区”协议；与苏州工艺美术职业技术学院签订了“共同打造工艺美术产学研基地”协议；与江苏省工艺美术行业协会签订了“共同扶持工艺文化创意之都的建设”协议；与美国亿泰基金签订了“中国工艺文化城项目融资代理”协议；与江苏东吴农村商业银行（现为苏州银行）签订了“入场确认书”等。在峰会论坛上，与会人员献计献策，提出了许多锦囊妙计，其中的核心便是以人为本。正如毛泽东同志所说：“世间一切事物中，人是第一个可宝贵的。”要创建中国工艺文化城，人才是根基。公司在定期组织培训员工的基础上，不惜工本，千方百计招纳搜求、整合人才。目前已有以文化经济实力投资的呈辉集团、国际运营水准的中工美团队以及60多位国内外工艺美术领军大师保驾护航。钟锦德紫檀雕刻博物馆、许忠英核雕艺术馆、马宏伟玉雕工作室、李海龙苏州丝绸府等纷纷参与。二是机制创新。提议“政、资、企、产、学、研”结合，大陆与港、澳、台地区贯通，“跨地区、跨部门、跨行业、跨所有制”发展，聚产业、聚大师、聚服务，提高产业整合与集中度，汇聚和激荡创新思维，打造创新引领力。通过多种载体和渠道，链接海内外以及产业的上下游企业与院校机构，内生增长，创新驱动，形成了全新的文化创意产业高地。

2011年12月，文化城与苏州大学、苏州工艺美术职业技术学院等院校合作设立了设计研发中心；与来自全国的24所艺术类高等院校签署了合作备忘录，形成了人才、技术、资源共享与互动，结成实验、创新、产学研合作的战略联盟。

2012年1月，创办了“呈辉艺术创意设计产业园”——该项工作得到了中国工艺美术协会、中国工艺美术集团公司的大力支持。

2013年11月，与深圳中资联基金管理有限公司联合发起成立了呈辉基金，专注于股权投资、金融顾问、文化产业投资、并购重组等业务。该基金以深圳文交所为平台，以参与文化资本运作创新为主，既方便了苏州工艺品在深圳文交所“上市”，又开启了呈辉集团在证券市场的上市之路。紫檀雕刻大师钟锦德说，陈辉先生几年间推出的各类服务平台，总令人耳目一新，全方位助推了文化产业的发展；从事锦罗研发的李海龙大师说，陈辉先生顺应潮流，想企业所想、急企业所急，给我们苏州工艺美术产业的发展构筑了良好平台。

为增加凝聚力，呈辉集团提供了全方位的保姆式增值服务——组建了商务营运公司、中工美珍宝馆（苏州）有限公司、江苏华艺拍卖有限公司、物业管理公司、“呈辉博物馆”管理公司、大师经纪人公司，以及会展、旅游服务、物流储存等一系列配套服务团队，形成了专业化、信息化、产业化的高端智能商贸服务新模式。

中华文化历史悠久、人文荟萃，蕴含着中国梦的丰富思想资源，充分表现出思想大智、科学大真、伦理大善、艺术大美，在中华民族艰难而辉煌的发展历程中，薪火相传、继承发展，不断充实着国人团结奋进的美好愿景，始终提供坚韧前行的思想火把和心灵慰藉，是中国梦萌发壮大的文化基因。为促进两岸文化创意产业的共同进步，陈辉多次带领他的团队造访台湾省和澳门地区。期间，他充分发挥自身的整合和媒介作用，与台湾、澳门等地的文创企业不间断交流访问，多次就台湾省文创类企业的引进入驻以及共同打造两岸创意产业合作示范区等问题进行了深入探讨。

2011 年金秋，呈辉公司与来自台湾省文创界的企业代表在太湖之畔举行两岸文创联谊活动。此次活动上，呈辉公司和台湾省文创企业签订了两岸文创示范区的合作意向书，迈出了中国工艺文化城这一平台在推动落实两岸文创深入合作方面的第一步。2011 年 10 月，“澳门江苏周”活动在澳门旅游塔会展中心隆重举行，在首次举办的苏澳文化创意产业对接会上，中国工艺文化城项目作为苏州市“十二五”规划重点文化产业项目成为六个重点签约项目之一。

2012 年 3 月，在携澳门地区媒体采访团访问台湾省期间，陈辉与台北教育大学文化创意产业经营学系的研究生们进行了交流，并发表了题为《澳门、台北、苏州三地文化创意产业之比较》的演讲，广受好评。同年深冬，台湾省玄奘大学法律学院院长赖来焜一行专程来到大陆，聘请陈辉董事长为台湾省玄奘大学宗教与法律研究中心特聘教授、台湾省“中华国民健康政策与法律学会”特聘研究员。

作为文化使者，陈辉多次造访台湾省和澳门地区，奔走于“两岸四地”，通过对两地优秀文创园区的实地考察，积累总结适合中国工艺文化城发展的创意思路，为“两岸四地”文化创意产业的发展做出了积极贡献。

2010 年 11 月 17 日，陈辉先生应邀出席第五届北京文博会。基于呈辉集团致力于文化创意产业做出的努力和所取得的成绩，北京文化发展基金会授予呈辉集团董事长陈辉先生“文化大使”称号。

中国梦归根到底是人民的梦，必须紧紧依靠人民来实现，必须不断为人民造福。有了政府的阳光雨露，民营企业会更有社会责任感，努力创新创造，回馈社会，而陈辉在辛苦跋涉的过程中，也先后当选为苏州市吴中区政协委员、苏州市政协第十三届委员会委员，并荣获苏州市首届文化创新“创业领军人才”称号。我们相信，他一生的事业一定会像工艺美术品一样绚丽多彩。

三、殚精竭虑献给中国梦的一片鲜艳花瓣

“江南”，这个美丽的字眼，中国人的天堂。“三生花草梦苏州”得益于苏州的“烟水”自然禀赋，来源于苏州地区的诗性生活、诗性智慧、诗性文化。“烟水”，朦朦胧胧，千变万化，神秘莫测，婀娜多姿，“言有尽而意无穷”，重智慧，多想象。“断发文身，裸以为饰”，产生的诗性精神催生着艺术创造的素质。这种诗性精神，启迪了苏州无数的华彩乐章、浪漫情怀，催生了苏州道不尽的激越昂扬、大师神韵。“凡玉……东人中华，斜萃燕京，玉工辨识高下而后琢玉，良玉虽集京师，工巧则推苏郡”。“苏帮”和“苏作”，名扬四海，名闻遐迩。但文化是多元的，为“各美其美，美人之美，美美与共，天下大同”，使自己从“本能的人”提升为“自觉的人”、清醒的人，陈辉先生既做着追求完美的梦，又紧握着思索的矛，正如当代创新领袖之一史蒂夫·乔布斯所说：“最重要的是，勇敢地去追随自己的心灵和直觉”。对此，陈辉先生四处奔波，殚精竭虑，整合资源。

中国工艺文化城自 2011 年 11 月试运营至今，共举办中国工艺文化创意产业峰会、两岸文创交流活动、将军名人书画艺术展、经营性保护非遗论坛、苏作红木家具展、光福雕刻艺术精品展、江苏工艺精品拍卖会、百师讲坛、玉器鉴赏交流会、首届“创博会”高峰论坛中国工艺文化城主题会场、江苏工艺美术创意设计与市场开发国际研讨会、江苏工艺美术大师精品展示会等一系列文化产业主题活动多达 40 余场，宗旨均在集思广益、群策群力、博采众长、自成一体。

功夫不负有心人。不论走进中工美珍宝馆还是呈辉艺术馆，琳琅满目的艺术品错落有致地摆放着，在阳光的折射下闪耀出璀璨的光芒。张光辉大师的贝雕作品先后获得国家专利14项，在贝雕工艺技术上鹤立鸡群。从纽扣到装饰画，再到邮票和挂件，能工巧匠们借助贝壳本身所具有的形态繁多的特点，以多种制作工艺、多种艺术题材，将大自然的馈赠和人类的智慧发挥到了极致。

“天有时，地有气，材有美，工有巧，合此四者然后可以为良。”在跨文化的互动、互融、互济的过程中，中国工艺文化城在工艺上追求“至真至诚”“至善至美”，在一个开放、共生、动态和可持续发展的良性生态环境下取得了长足的发展，体现了“苏州手艺，手艺苏州”的主题，作品涵盖牙玉木石核雕刻、珠宝首饰、艺术陶瓷四大名绣、织锦织毯、金属艺术、文房四宝、民术等艺术精品和名人字画作品。“子冈杯”玉石品博览会举办地花落工艺文化城，目前已成功举办数届；100多家光福核雕商户抱团发展，入驻文化城光福核雕城；经中华民间藏品鉴定委员会批复，中华民间藏品鉴定委员会江南鉴定中心落户中国工艺文化城……

一切空间的设计都是开放的、辐射的；一切工艺品都是人文的、凝聚的。无论它是属于茅草、藤萝编织等“土味习俗”，还是属于金玉珠宝等“高雅雕琢”，在中国工艺文化城都已初步展示出来。角落里面藏秘密。“中国工艺文化城”用双面绣的绝活，实现了东西方文明的对接，合奏出中华民族工艺文化的辉煌乐章。

一座初具规模、形态独特、功能俱全、内涵丰富的中国工艺文化城，屹立在水天一色、风光旖旎的太湖之滨，以其独有的魅力展示出迷人的风采，吸引着五洲四海人们关注的目光。无数参观者感叹：中国工艺文化城，推动着特色文化产业的发展，推动着特色文化城市、特色文化产业示范区的建设，她的“意境”“逸品”和“气韵”是读解中国经典艺术品的一把钥匙！中国工艺文化城，不仅代表了一座文化地标，而且正一步一个脚印，扎扎实实，从“数字时代”“概念时代”走向产业化时代。

在四届三中全会《决定》的感召下，在全面深化改革开放的大潮中，陈辉正在不断地调整战略部署：打造“呈辉工艺文化城”文化品牌——以文化品牌的升级带动文化创意产业的升级；通过虚拟空间进行线上线下体验式营销推广，利用文化产权交易所、艺术品鉴定托管中心、艺术品数字档案等手段，与国际市场接轨；打造中国最具工艺文化内涵的行业集散地、最大的创意研发产业孵化基地、工艺文化创新示范区、国家5A级旅游景区；以商户的发展需求为基

点,尽快形成具有核心竞争力的商业运行模式。2014 年,还将在硬件规划配套上与新加坡樨雅(苏州)私人有限公司共同合作成立樨雅呈辉(苏州)酒店有限公司,双方共投资 4.3 亿元,致力于打造樨雅呈辉艺术酒店,该酒店按照五星级标准建设,并计划于 2015 年初投入运营。世界手工艺理事会执行主席、中国工艺美术协会副理事长兼秘书长王山等领导几度莅临文化城考察调研,认为中国工艺文化城通过近几年的持续发展,已集聚包含了玉雕、核雕、木雕、刺绣、缂丝等几十项工艺门类,活动组委会将考虑把中国工艺文化城作为 2014(中国)世界工艺文化节的主场地之一。

陈辉先生傲雪凌霜,近年来在文化创意产业上所作出的探索和贡献也得到了广泛的认可。2013 年 9 月 30 日,国务院在北京人民大会堂举行国庆招待会,热烈庆祝中华人民共和国成立 64 周年,陈辉先生作为澳门地区闽台总商会的代表应邀参加此次国庆招待会。这对陈辉先生来说,是一份十分难得的荣誉。

民营经济是民本经济、富民经济;抓民营经济,就是抓发展,就是抓改革开放、抓富民强国。35 年来,中国市场的力量、民间的力量、社会的力量已经成长起来。在重大天灾面前,民营企业家捐款捐物,甚至不顾个人安危奋战在第一线;在汹涌而来的国际金融危机面前,他们发出《树信心、保增长、促就业》倡议书,抱团取暖、共克时艰……如今的呈辉公司已经快速发展成为拥有 200 多名研发与管理人员的大型民营企业集团。陈辉先生说,产业报国是我的梦,我们的力量虽然很微小,但千条江河汇成大海,只要中国的企业家、全体中国人民一齐努力,中华民族伟大复兴的中国梦就一定会实现!

一切艺术都是心灵的艺术,工艺之美其实就是“社会之美”。陈辉的这个心语,是片似花如锦的梦境,我们有信心期待这位憨厚而果敢、勤劳和智慧的中国民营企业家直挂云帆、长风破浪!中国梦召唤着勇于担当的民营企业家!

汤政：把艺术做成产业 让艺术改变生活

策划 · 艺术家的华丽转身

打开“百度百科”搜索，“汤政”的名字赫然置顶。国际量子艺术集团中国基地主席、研究员级高级工艺美术师、中国工业设计协会会员、中国工艺美术学会雕塑专业委员会会员、全国雕塑委员会会员、中国工业设计委员会会员、江苏省工艺美术名人、健雄职业技术学院艺术系教授、苏州科技学院兼职教授、上海大学数码艺术学院客座教授等一系列的荣誉称号，完整地诠释出了汤政的艺术造诣。

1990 年，毕业于常熟理工学院艺术设计系并在某设计单位工作的汤政，对自己的发展之路进行了首次重大策划——果敢辞职南下深圳文化中心，专注于工业和艺术设计。经过数年市场打拼，汤政不仅赚得了人生的第一桶金，更为重要的是，“艺术也需要产业化”的理念在他的心中扎下了根。1992 年，汤政敏锐地意识到长三角地区即将成为中国新的经济增长点，工业化和城镇化的兴起必将给工业设计和艺术雕塑带来更广阔的市场空间，随即他对自己的发展之路做出第二次重大策划——回到太仓市注册资金 500 万元人民币，创建了以广告、装饰、高端印刷品制作为主业的江苏新天工广告有限公司，并依靠全新的设计思维和专利发明研制出一系列自己的产品。

可以说，策划，改变了汤政的人生和事业的发展轨迹；策划，使汤政实现了从艺术家到企业家的华丽转身。

策划 · 艺术的产业化之道

汤政从事创意文化、工业设计、环艺雕塑等文化事业 20 多年，深刻感悟到文化只有不断创新才有发展，艺术表象形式只有不断创意才有活力，艺术作品只有走出殿堂，才有生命力。

2005年，汤政抓住太仓创建智慧城市、大力推进文化创意产业建设的契机，依托江苏新天工广告有限公司、苏州天工艺术设计雕塑制造厂等实体优势，投资6500万元，策划建造了天工设计工业园。园区占地25亩，标准厂房面积11000平方米，专业从事大型城市雕塑、园林雕塑、建筑装饰雕塑、大型人造景观及园林雕塑，是目前江苏省最具规模的从事雕塑及艺术砂岩（GRC）工程的专业厂家。园区配备了多套电子巡更系统，实现了WiFi无线网络全覆盖。四周设有时尚景观雕塑，让园区充满浓厚的艺术氛围。园区成功引进文化高科技企业6家，实现年产值过亿元，利税3000多万元。

工业设计、环艺雕塑、创意文化，是汤政天工艺术的"重量级"产品，也是天工设计的鲜明特色之一。通过构建"创意研发＋艺术馆平台＋设计工业园＋工厂生产＋网上销售"的产业链，天工公司已在雕塑文化产业中显示出其独特性、创新性和领先性，创立了令人钦羡的天工艺术品牌。该工厂专业从事的各类城市雕塑、园林雕塑、建筑装饰雕塑、人造景观等造型实物，仅富有影响力的作品就达20余件，不仅遍布大江南北，而且还蜚声海内外，一举使天工设计工业园成为江苏省艺术领域"一省一品"代表，打响了天工的艺术品牌并成为中国工艺美术学会雕塑专业委员会、中国工业设计协会会员单位，多次成功完成了重大政治性艺术工程，而且还连续获得了江苏省服务业名牌企业、江苏省民营科技企业、苏州市重点文化企业、太仓市文化产业示范基地等荣誉。作为江苏省内首屈一指的文化创意重要企业，天工的产品远销欧洲、亚洲、美洲等国家和地区，创作的不少作品被世界友人收藏。

策划·艺术可以改变生活

为了适应社会生活越来越注重艺术品位和文化产业常态化发展的需求，汤政积20年的艺术创造和文化产业管理经验，毅然腾出一个面积达2000平方米的楼层，策划开设长三角地区首个民间公益性质的“天工雕塑绘画艺术馆”。

由著名中国古建筑学专家罗哲文先生为之题名的“天工雕塑绘画艺术馆”，东西方风情兼具，中外文化艺术相融。馆内珍藏有欧洲画家20世纪的古典油画、中国画家的山水画、不同风格的书法作品和明清老家具，以及5000余张市井文化老照片。艺术馆还设有怀旧老电影体验、泥塑雕刻手扳区等互动区，并定期开展艺术沙龙、古琴沙龙、海外艺术家代表团访问等交流活动。艺术馆开馆至今已接待各地设计艺术同行及参观者数万人次。参观者通过视觉、触觉、感觉等来汲取文化的精髓，尽情享受经典艺术的审美价值。天工艺术馆的这种用古今中外的艺术魅力搭建展示活动平台的创意，在长三角民间艺术馆中独树一帜，目前该馆已成为江苏省省级民营艺术馆备案单位、太仓市文化产业示范基地和太仓市科普教育示范基地。

通过艺术馆平台，汤政广交海内外朋友，扩大雕塑产品、卡通雕塑与动漫企业的合作，将雕塑衍生产品的生产规模化，使雕塑、绘画艺术品真正进入到大众的生活中，美化广大群众的生活。

创意·铸就设计的灵魂

成为企业家的汤政始终坚守“创意是设计的灵魂”这一理念，充分施展自己的智慧、知识和技能，瞄准工业设计、雕塑制作、文化创意等领域求发展。当体现时尚理念、运动元素和多样色彩的《为国球喝彩 为中国加油》园雕落户于“乒乓摇篮”无锡花园小学时，专程赶来参加庆典的国家体委副主任、乒坛宿将蔡振华，凝视着用乒乓球拍造型支撑起轻盈、飘逸和变幻的奥运五环的《舞动的奥运五环》主题雕塑，脑海中反复回放着中国乒乓健儿为国夺冠争光时的场景，激动不已并对之赞不绝口。天工公司还为新加坡仁恒集团设计制作了景观铜雕《中国功夫》，为四星级高中江苏溧阳南渡高中教育主楼制作了《老子、爱因斯坦、鲁迅》仿铜浮雕，为中邦昆山 MOHO 设计园制作了极富民族特色的《京剧脸谱》浮雕，为常熟昆承湖生态风景区设计制作了《传统民间故事》系列浮雕艺术长廊，为健雄职业技术学院纪念吴健雄诞辰 100 周年设计制作了大型雕塑《吴健雄》，为太仓市第一个农村党支部璜泾镇杨漕村党支部制作了大型党旗雕塑。天工公司设计的“连云港徐圩港口海事治安和监控平台”，在参赛的国内外150家高校、企业设计团队中技压群芳中标获奖，该方案实施后的建筑将成为连云港沿海地标性建筑之一。天工公司为苏州轨道交通2号线三香路站下沉式广场设计制作的总面积134平方米、由134块石材拼装完成的“姑苏帆影”大型主题艺术浮雕墙，汇聚了天堂苏州的小桥、流水、古塔等经典元素。此外，天工公司设计制作的具有苏州古韵今风特色的不少户外浮雕作品以及《女娲补天》《李时珍》《战争与和平》等雕塑作品，可谓座座有创意。2012年，由汤政主持的为欧洲“生态经济、绿色环保”组织设计的“标致”和“旗帜”，从参赛的世界著名设计艺术机构中脱颖而出，最终荣获最佳设计一等奖。以上创意设计实践充分体现了天工雕塑的创造实力。

江苏新天工广告有限公司还用设计专利研制出了一系列自己的产品，其成功的秘笈就是拥有自己的核心竞争力——创意创新产品的自主研发。琳琅满目的商标，如阳光系列、关爱系列，都是天工公司根据市场需求不断将专利转化为产品，最终投放市场而形成的。

凭借多年的努力，天工公司成为苏州市第一个立体商标注册者，拥有 5 个注册商标，以及“带有语音提示装置的盲人拐杖”“浮雕艺术足底按摩器”“可自动向观众讲解的画面介绍器”“封闭式车窗结构改良”“可留下记忆脚印的消防裤鞋”等 26 项发明，30 个国家发明专利，35 件国家登记版权，是省级固定广告刊号的出版商。另外，公司还荣获了“江苏省服务业名牌企业”“省工业设计示范企业”“江苏省最具有影响力版权企业”等称号，是江苏设计领域第一个荣获国际金奖的企业。

创意 · 产学研众智成城

汤政在做好天工产品研发、生产经营、市场投放的同时，还积极与高校开展产学研合作。公司相继与上海大学、苏州大学、江南大学、苏州科技学院、健雄职业技术学院等签约，建立教学、就业、实习实训等合作基地，开展海内外学术交流，注重把经营理念、地域文化与现代教育相对接。作为众多高校客座教

授和特聘教授的汤政，这些年来还走进高校作专题艺术讲座，开设专业辅导课程，将自己积累数十年的实战经验与心得与学生们分享，并由此产生了为大专院校编写一部可广泛运用于工业设计、造型设计、动漫设计、美术雕塑等多个领域的专业教材的设想。这部教材将收录汤政的论文《卡通雕塑文化的社会责任——谈该文化对社会和谐的制约与促进》《脆值及缓冲包装》《广告标志名称形象及发音设计》《电子仪器内外包装要求》《给现代企业披上美丽的色

彩》《工业设计造型后期技术》等，这些论文曾经在《中国雕塑》《设计新潮》《中国包装》《工业设计新潮》等国内优秀专业刊物上发表。教材初稿在出版社联盟峰会上亮相后，多家出版社争相要求与汤政合作。

近年来，汤政和其天工企业先后参加或举办了一系列国际交流活动，如：2011 年参加在南京紫金山庄举办的第二次中意创新合作高层论坛暨技术对接大会；2012 年在上海意大利中心举办了“梦想飞向蓝天——量子艺术的盛宴”国际当代艺术巡展，2012 年参加在意大利佛罗伦萨美第奇宫举办的国际量子艺术年会；2013 年参加意大利米兰国际环保明信片设计大赛与巡回展；等等。这些活动让汤政开阔了视野，提升了境界。

作为苏州市政协委员、太仓市工商联常委，汤政还经常利用工余时间关注社会、关切民生、关心生态。在讲学、交流、活动之际，了解社情民意，表达主张和意见，利用各种机会建言献策。他撰写的《关于加大农产品、食品准入检测力度的建议》《后危机时代中国经济形势可能会更加严峻，地方政府早作准备海啸，关心企业发展的建议》《加强对拆迁工作的执法监察的建议》《关于人民医院搬迁后建议继续保留其功能，方便老城区人民就医的建议》《关于使苏州古村落保护和利用的经验早日成为全国古村落保护样板的建议》等委员提案被苏州市政协和太仓市政协评为优秀提案。

走过青春岁月的汤政，如今越发显得成熟与稳健。放眼未来，他将一如既往，义无反顾，用创意创新的品牌力量续写精彩纷呈的艺术人生。

汤政在大专院校授课

上海大学数码艺术学院博导仲星明教授与云工设计工业园董事长汤政教授为基地建立合作成功握手祝贺

荣誉证书

HONORARY CREDENTIAL

汤 政同志

被评为2012年度“姑苏文化产业人才计划”创新创业重点人才。

特发此证。

苏州市人才工作领导小组办公室
苏 州 市 委 宣 传 部
苏州市文化产业发展领导小组办公室
二〇一三年九月

袁中平：今天的创新可能就是明天的传承

问：请问袁老师您的非遗技艺是如何传承的呢？

袁中平近影

袁：不知道你们留意到没有，在我旁边有一只龙盆，这只蟋蟀罐是我曾祖辈的遗物，制作于同治丁卯年（1867 年）。我收藏有一方光绪十八年（1892 年）的金砖，还有就是刚才说的这只龙盆，都是我太祖父袁鸿石的作品。多年前，香港恒基伟业的李兆基先生出重金求购我太祖父的作品，虽然出自太祖父之手的作品存世并不多，但终因情意难却，也只好忍痛割爱……

记得我很小的时候就跟着父亲和叔叔做蟋蟀罐了。

1974 年到 1976 年的光景，我的祖父偷偷在家里做蟋蟀罐，用家用煤炉烧制。那个时候生活简单，也不像现在有这么多新鲜好玩的游戏啊什么的，抓蟋蟀、斗蟋蟀是那个时候的不少人都喜欢的游戏，不要说男的，就是年纪轻的女孩子也喜欢这个。夜晚的时候到田头地里特别是毛豆田里能抓到很多，然后大家就斗蟋蟀啊，比谁的蟋蟀厉害啊。用来装蟋蟀的盆盆罐罐就吃香起来了。我所在的陆慕这一块地方从古时候就有制作蟋蟀盆罐的工艺传统，全国的蟋蟀罐大多都是从这里的手工艺人手里拿货贩售出去的。所以说，爱玩蟋蟀的还是按照老习惯要到我们这里来求购蟋蟀罐，但是那个时候谁家还敢自己制作这个啊？我祖父一则是实在为了生计，一则也是喜欢做手工艺，也就开始偷偷做了起来。记得煤炉生火烧到火焰最红的时候就把做好的蟋蟀罐坯放进去，炉子里冒出的浓烟呛得厉害，高高的烟囱从屋顶的天窗里通出去，烟也拔不干净。记得那时候家里经常烟熏火燎，到最后家里人之间也互相闻不到对方身上的烟火味了，反正当时生活条件也不好，连洗澡也不多，习惯了也就不觉得味道难闻了。那时又不敢打开前门通风，只好开了后门通风——怕被邻居发现偷做这个告发我们啊，怕被割资本主义尾巴（笑）。

实际上蟋蟀罐的制作技艺到了我祖父这里已经断了，然后就全家一起恢复古老技艺。最有意思的是，起初人家来定制黑颜色的蟋蟀罐，我们技术上还没摸透，就把黑墨直接涂在罐子外层，也没有放进炉子高温烧，结果到了水里这种泥质的罐子很快就变得软趴趴的。（笑）

即使这样还是没有逃掉被割资本主义尾巴，大概是1977年到1978年的样子，村里的红卫兵啊红小兵啊就来我家了，他们把家里的土模全都砸烂了。

问：做蟋蟀罐坯的工艺和江西景德镇的瓷器制坯工艺是不一样的吧？

袁：是的，不一样。景德镇的瓷器制坯是用手二旋转泥坯拉制而成的，而蟋蟀罐不是这样的，它是用两个半圆形的罐坯拼接而成的，所以眼睛尖的会看得出蟋蟀罐上有细细的接缝。你们看，这个就是了。（拿出龙盆展示罐体上的接缝）要是用不锈钢做模，就不怕砸烂了。

童年时的很多事情都已经被淡忘了，唯独在家烟熏火燎偷偷做蟋蟀罐的场景在我的记忆里一直清晰如故，好像还在眼前一样，而且我还时时会陷入回忆之中细细品味那段岁月。

中平澄泥堂

我从唐山大地震那年（1976年）就开始参加做蟋蟀罐的劳动了，不过，正式专门从事蟋蟀罐的制作却是在1985年年底。那一年年底（12月25日）家里发生了一件很令人心痛的事情——我的叔叔袁志良突然间去世了，我因失去了最亲近的人而辍学。我和叔叔比和父亲的感情要深得多，生活中的大部分时间我是和叔叔在一起。我跟叔叔学做蟋蟀罐啊。那时候叔叔和我父亲已经是业务上的合作关系了，父亲专门做蟋蟀罐粗坯，叔叔用毛坯的价格跟他买进来后再精加工，做细后卖出去。其实我并不是很认同父亲的劳作模式，看着父亲每天铆足了劲头几乎一直都是做到深夜一两点钟，我觉得好辛苦，而且每一件蟋蟀罐和周围邻居家的实在也没有什么大的不同。而叔叔做的就明显不一样了，他总是尽其所能地把蟋蟀罐做得精致一些，艺术性一些。我很愿意跟叔叔一起做事情，叔叔对我也像对自己的亲生儿子一样，我跟父亲没有跟叔叔来得亲。可是这么亲、这么谈得来的叔叔却突然之间走了，我是很难接受这个打击的，当时我哭得比婶婶还厉害，甚至还产生了轻生的念头，好在药力不够，我被救了回来。经历过这次打击后，我离开了学校，一门心思专业制作澄泥蟋蟀罐，这一年我 16 岁。

可能是我这个人真的特别爱琢磨吧，我在父亲粗犷的工艺制作模式和叔叔力求精细的工艺制作模式之间选择了后者，我真的不想像父亲那样埋头重复做盆了，我特别希望自己在工艺上能够突破提升到艺术的境界。记得叔叔在世时他一天能做 20 只蟋蟀盆，每只一块钱的样子。叔叔是个打铁匠，为了让自己的制作工艺更精，他自己动手做了不少专门用于制作蟋蟀罐的工具，到我自己成年后，也像叔叔一样，为自己专门研发定做了不少相应的工具，我的制作工艺也因此得到了很大的改进和提高。

其实，如果我也就是满足于解决温饱，过上“楼上楼下电灯电话”的日子，那我肯定也成不了今天这个样子。记得那时候全国来我们这里订购蟋蟀罐的实在太多了，活儿多得做不过来，我所在的这个村加上周边，大概至少有 200 户人家在做蟋蟀盆，家家户户的生活很快就都有了改善。我家效益好的时候一天就能挣回一辆凤凰牌自行车，而且还在村里成为第一个盖起四层楼房的人家，要知道，当时只有村主任家才有这样的实力呢。

不过我还是不想就这么做蟋蟀罐过日子，心里头那种要向艺术方向攀升的想法一直有。既然生活改善了，我为什么不定定心心做点精细耐看的蟋蟀罐呢？我就在工作中留了心眼，特地把制坯时做得最漂亮、瑕疵最少的蟋蟀罐留在一边，藏起来，先不忙出手，而是等自己静心的时候精雕细琢，每一个线条、每一个细节都尽可能地像叔叔喜欢的那样作细处理。临到烧制时，我把精

细处理过的蟋蟀罐坯放在其他坯的中间，等到火候到了出炉冷却后，那只罐子明显有种鹤立鸡群的感觉，看上去和其他普通的罐子就是不一样。当然了，这种精加工出来的罐子也比普通罐子的价钱要贵出好多。比方说一只普通的蟋蟀罐 1 块钱，我做的这种一只就能卖到 50 块钱，而那个时候一双皮鞋是 28 块钱，我和父亲又像叔叔和父亲那样开始了精品和粗坯的合作，家里的日子也越来越好了。

问：刚到这边时，我们都猜您是一位白发苍苍的长者，没有想到您这么年轻。冒昧地问一下，您是生于哪一年？

袁：我是 1970 年生人，2 月 23 日出生的。

问：原来您是双鱼座啊！您应该是情感细腻敏感类型的吧？

袁：我不知道自己是什么星座的，不过我确实很敏感也细腻，特别喜欢那种精细好看的东西，像日本不少工艺品我也很喜爱。

说到年龄，还有不少有趣的事。我从 16 岁开始正式专门做蟋蟀罐，到 17 岁时就已经小有名气了，当时台湾、香港这些地方的人上门来求购，看我这么年纪轻，都很怀疑我是假冒的，在他们心目中，能做出那样精致的蟋蟀罐的肯定是位白发苍苍、满脸皱纹的老师傅（笑），反差这么大，有的客人就要我拿出身份证给他们看，甚至还到公安局去核查我的身份真伪（笑）。

问：刚才在博物馆有幸欣赏到了您的多幅金砖雕精品，无论是作品的材质还是雕工都是令人叹为观止的，请问您的雕刻技艺传承自哪位老师？

袁：先说说雕刻技艺的传承吧。我自从决心走金砖雕艺术化道路之后就经由友人的介绍，到双塔那里拜了苏州红木雕刻厂的木雕名家赵凤云为师（编者注：赵凤云先生是“雕花赵”的第二代传人，他集木雕、石雕、玉雕、牙雕、竹刻、陶刻、砖刻等技艺于一身，素有“全雕手”之美誉，他创作的银杏木雕《虎丘全景》还被作为国礼赠送给柬埔寨的西哈努克亲王），专门学习雕刻技艺。

其实所有的艺术门类都是相通的，我一直都喜欢美术啊、书法啊、音乐啊，念书的时候还爱好体育。家里长辈也很希望我们做晚辈的能够在书画方面有所成就。我的伯父是中国美术学院（原浙江美术学院，简称“浙美”）的教授，他每次回来都会送给我们书画类的文具，像油画笔啊、水彩啊，闲时我也会练练书法。巧合的是，爱好书法还给我的事业带来了很大的帮助。

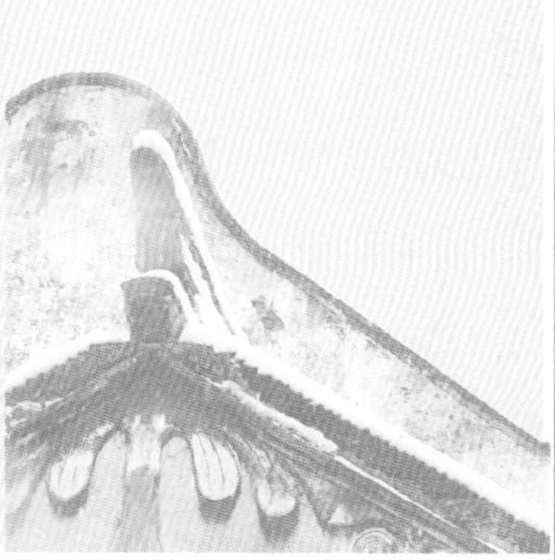

记得是20世纪80年代中期的样子，祝延平主演的电视剧《武松》热播，武松在杀嫂杀西门庆为兄报仇后很畅快地在墙壁上写下了“杀人者武松也”的留言，镜头里那种墨迹在墙壁上干去的感觉让我印象特别深刻。平常生活中我也特别喜欢下雨天那种雨水顺着屋檐缓缓滴下渗到地面后消失不见的感觉，那种感觉真的很神奇。也许创造的灵感就是在那一瞬间闪现了，我产生了利用金砖可以无限次自动吸水变干的特性生产快干型书写板的念头。后来远红外快干功能的书写板开发成功，在市场上反响很好。我又开发了用金砖专用澄泥生产的印章、砚台、小型镇纸等文房用品。这样的产业转型也使我顺利渡过了蟋蟀罐市场饱和后的生存难关。

大概是1985年到1996年的样子，蟋蟀罐市场因为多年的不断吃进，已经明显呈现出饱和后的颓势，原先村里那些一直做蟋蟀罐的人家因为没有其他产品，不少都停业了。我这里因为有书写板等适应市场需求的文具产品而挺过了这一关。

问：刚刚参观了您的不少金砖雕作品，那些砖手感非常细腻，比如说您根据古画新雕成的《百骏图》，画面非常立体，雕工细腻到连树叶上的松针都一根根历历可见，而这样的金砖雕和我们平时在园林和大户人家看到的砖雕又不一样，请您具体说说有哪些独到之处？

澄泥砖雕《百骏图》局部(一)

澄泥砖雕《百骏图》局部（二）

袁：我觉得自己就像在建造我心目中的一栋多层楼房，一层一层地建造，总归是要从第一层建起，因为技艺再高超的能工巧匠也做不出空中楼阁来。我的第一层是解决了金砖雕的原材料问题。

我家所在的村属于陆慕，那里的黄泥特别细腻，适合制作高等级的砖坯，经过多年的技艺积累，陆慕已经形成了一整套制作高等级砖的成熟技艺，也成为专为宫廷生产高档砖坯的产地，明朝的永乐皇帝朱棣还将陆慕的高等级砖窑定名为"御窑"，特为他下令建造的明故宫供应以澄泥为原料精工制作而成的"金砖"。由于金砖的原材料密度比较大，成品细腻坚硬，"叩之有声，断之无孔"，因而备受喜爱。实际上在当代，在我之前这样的"无孔"金砖在市场上是没有的，但是我要向金砖雕的高层次艺术攀登，首先就得解决原材料问题，因为用于雕制的金砖根本不容许有一丁点空洞。比如在雕制人物面部时，如果这里偏偏有了一个孔，那整个肌理就断了，雕出的人物面部肯定是残缺的，也就白费了人工。在我下决心要研制真正的"无孔"金砖时，不少同行都说我是"作死"，就是说我放着好好的日子不要，是在自寻死路。他们说的也有几分对，比如研发的资金投入就很大，我自己投入了不少积蓄，又跟亲戚朋友借了六七十万，要是失败了，这么多投入就等于是打水漂了，不仅血本无归，还得搭上时间和精力。不过，我还是要克服金砖雕的原料关啊，这个是变不了的。从采集最初级的黄泥原料开始着手，花了好几年的时间，结果还是令人欣慰的——“无孔”金砖终于研发出来了，我这里烧制出来的“无孔”金砖能够将料开得仅仅1毫米厚，这在普通材质的砖那里是根本无法实现的事。

刚开始的时候3000多块600厘米×500厘米×3厘米的金砖坯进窑用900度的高温烧制，达到“无孔”要求的也就只有三五块，成功率低得只有千分之一，成本的压力实在是太大。即使是在技术趋于成熟和稳定后要得到“无孔”金砖也绝非易事。目前苏州拥有烧制“无孔”金砖技术的也就是我这一家，其他同行要做精美的金砖雕，就得到我这里来拿原料。

袁中平砖雕

解决了原料难题，我的金砖雕艺术大厦终于可以向第二层楼迈进了。我这样不惜代价地往上攀登对于其他同行来说也是一个不小的压力，不过，要是叫我就这么安于现状、满足于已经成功的东西我又不情愿，还是要继续钻下去。

问：看来“无孔”金砖真是来之不易呀。投入成本这么大，您的经济压力肯定不会小，您又是如何来平衡成本和收益的关系的呢？

袁:要平衡成本和收益的关系,单单靠做高端的金砖雕是不能解决问题的,还是我刚才说的澄泥书写板帮了我的大忙。中国人无论长幼,喜欢练习书法的不少,用远红外快干功能的书写板练字十分方便,既不用在练习纸上多花费,又有利于环保,所以这种书写板推向市场后很受欢迎,也成为我这里的赢利主力产品。为了让书写板更好地适应市场需求,我打算在书写板的成本上找潜力,最简便的方法就是缩小书写板的个头,成本减小了价格自然也就下来了,市场容量也就会再大一些。尤其在宏观经济面临考验和政府缩减开支后,只有在书写板这样适合大众的产品上下功夫,才能渡过各种难关,也才能从经济基础上保障我继续在金砖雕这门艺术上往高处攀登。

问:那么最早给您在事业上带来飞跃性成就的蟋蟀罐您现在还做吗?

袁:精致的蟋蟀罐也是一门艺术,我大概已经有 8 年时间不大量制作蟋蟀盆了,市场需求变了嘛,到 2000 年左右蟋蟀盆市场已经明显饱和,现在我每年大致会做 10 来只个性化的精品蟋蟀罐,毕竟市场上对高端蟋蟀罐还是有一定需求的,完全放弃市场或者完全放弃蟋蟀罐制作艺术对我来说都不是明智的选择。

问:您从童年时期即已参与蟋蟀罐的制作并有了独特的技艺,一路走来肯定是非常艰辛,有没有想过向后辈的传承问题?

袁:传承是必须的,我曾经带过几个徒弟,但是最终他们都没有长性愿意留下来终生从事这个工作的。毕竟这个活儿实在是太辛苦,从泥巴开始做起,手里身上难免沾到泥灰,到雕制的时候那个灰尘飞扬起来脸上头发上都是灰蒙蒙的,金砖的密度大,哪怕是小件分量也不轻,还要调动精细的雕刻功夫,可以说既要拼体力更要拼脑力,能吃得下这个苦的年轻人真是少之又少。况且我们所处的这个时代是我青少年时期怎么也想不到的,电子产品花样繁多,网络、微信等等层出不穷,一句话就是——诱惑太多,年轻人要安心做我们这一行,着实需要天赋与耐心。

问:刚才我们参观澄泥堂博物馆时,您的儿子既做引导又做讲解,他现在是不是跟着您也从事金砖雕刻?

袁:是的,大概是受我的影响,儿子也喜欢金砖雕刻,不过他到底见识多、脑子也灵活,我们以前无法即时向客户展示的作品细节,他用微信或者 QQ 很快就把细节照片传过去了,那么远的客人都能很快看到,他也是能帮我不少忙了。

在雕刻技艺方面他也学了不少年了,去年我启动做《百骏图》时,儿子也是没日没夜地做,既要参加具体的雕刻工作又要搞外联,忙得不亦乐乎。不过,我还是不满意,他的功力在我看来还有很大的努力空间,还需要假以时日来提升。

问:我们刚才参观的《百骏图》以及其他不少砖雕精品通常都会流向哪里呢?

袁:对于像《百骏图》这样的大型砖雕作品,归宿也就两个:要么被经济实力雄厚的藏家买走,作为别墅等高档住宅的室内装饰,要么就是被地方博物馆出资购进后收藏。

那些体量相对较小巧的砖雕制品其去向和大型作品的去向也是大同小异,有的是收藏爱好者购入,有的则作为家居中点缀性装饰物而被买走。

问:做了这么多年的澄泥工艺品,您在品尝成功快乐的同时是否也有困惑?

袁:困惑是免不了的,尤其在当下这样的大环境里。最主要的还是谋生存和艺术追求之间的矛盾吧。20 世纪七八十年代生活方式简单,娱乐方式也很单一,那时候的我们可以沉下心来做自己想做的又力所能及的事情,现在的人就完全不同了,尤其是年轻人可选的路径特别丰富,可供尝试的人生路径也很多,但是辩证地看这种多路径选择性,也是有不利的一面的,比如说,很多尝试性的选择其实是在浪费时间,能沉淀下来的东西太少,往往是在不断的尝试中时间就已经过去大半,这是非常可惜的事情。所以还是尽快步入正轨为比较理想的选择,入一行专一行才能成佛!

问:2014 年 12 月 2 日,联合国教科文组织宣布苏州市是"手工艺与民间艺术之都",您对苏州手工艺的创新和传承有什么想法?

袁:应该说还是一个长效性的扶持和保留非遗技艺的问题。像日本在这方面的做法就比较值得我们借鉴。对于一些没有经济效益的非遗手工艺,理性的做法应该是以保留和传承为最终目的,由政府出资资助传承人予以原真性保留和传承,而不是以经济效益为风向标,间歇性甚至是一阵风似地搞所谓保护和传承。政府可以像韩国和日本那样,专门开辟一些场所来对这些独门的非遗手工艺作完整的展示,同时培育传承人。

对于我个人来说则是两条腿走路,既要解决好"吃饭"问题,又要做好艺术追求和经济效益的平衡,只有这样传承才能成为有本之木,也才能永葆其鲜活的生命力。未来的我还是会继续从其他艺术门类中寻找自己的突破灵感，将之转换为金砖雕技艺中值得传承的东西，作为后人传承提升的基础。

问：从采访交流中发现您很敏感，放到专业追求上这种敏感就是“敏锐”，应该也是您能够取得事业成功的奥秘所在。能谈谈您自己的业余爱好吗？

袁：概括起来说，我喜欢一切新鲜的、小巧的、精致的东西，这可能也是让我追求雕刻精品的动力吧。我还是喜欢相对简单的生活，可以省下精力和时间来思考。现在我基本上是骑摩托车出门办事，因为它可以让我在相对最短的时间里到达我要去的地方，毕竟交通实在是太拥挤了。我参加了摩托车俱乐部，那里有不少热爱摩托车的朋友，大家一起交流，我也可以拓展视野，或者还可以触类旁通，获得新的创新灵感，开发出市场更能够接受的新品来。

但是业余爱好总归只是生活的一小部分，人到中年了，就特别有一种责任或者说是使命感，特别想把自己琢磨出来的一些东西传承下去，但是要找到喜欢这一行又能够学到真本领甚至有所创新的接班人还是太难太难了。

（本文由袁中平口述 李敏整理）

袁中平简介

袁中平，1970 年生于江苏苏州陆慕（旧称陆墓）。苏州市高级工艺美术师，现为中国民间文艺家协会会员、江苏省工艺美术学会会员、苏州市民间工艺家、相城区民文协会理事长。

袁中平祖上自清同治年间起制作御用金砖及蟋蟀盆，是袁氏堂第五代传人。1986 年起开始对澄泥金砖技艺进行保护传承工作，在国内各大具有影响力的民间手工艺展会上屡获大奖，并得到各界知名人士的赞赏。

2002 年起袁中平在祖传金砖制法的基础上，开发研究习字金砖，历时 6 年，秉承传统，利用澄泥金砖良好的吸水性及透气性，研究制作出砖质细腻如肤、只用清水沾笔就可流畅书写的习字金砖。原国家文联主席周巍峙与现任国家文联副主席冯骥才在试用这样的习字金砖后，兴致所至，各自题下一字，集成“苏宝”一词。2004 年，为了更好地保护及传承传统手艺和砖雕文化，在苏州市政府的帮助下，袁中平工作室正式成立。2007 年，袁中平被评为苏州市非物质文化遗产代表性传承人。

姚建萍：符合当代审美的原创是苏绣保持旺盛生命力的关键

姚：这张图片是我们的设计团队以刺绣为核心技术从2013年开始构思创意的，主题是丝绸之路，它一共分三个篇章，第一个展现的场景是汉武帝时期出使西域，第二个场景则展现了大唐盛世时期东亚其他国家的人民到中国来进行贸易的盛况，第三个场景希望能够展示当今盛世，设计还在进行之中。

问：请问姚老师，您的设计作品和团队是如何从众多刺绣工作室中脱颖而出的呢？

姚：事情是这样的：南京博物院收藏了我刺绣的一幅苏绣大件。传统的苏绣作品通常体量较小，题材多为花鸟鱼虫和人物，而南博收藏的我这幅苏绣作品既突破了苏绣小件的传统，又展示了苏绣精湛的刺绣工艺，而且画面题材均为我的设计团队原创，可以说是较好地实现了苏绣形式与内涵的出色统一，不仅为南博收藏专家所青睐，也深受彭丽媛教授的欣赏，这才有了我的刺绣团队能够在国家外事活动中展示苏绣精华的机会。

问：您特别重视原创，这是不是您的团队和其他不少工作室之间最大的区别？

姚：原创是我这么多年来一直追求的一个东西，它也从一个侧面促进了我自己的成长。记得2014年7月4日，国家主席习近平携夫人出访韩国，苏州市外办给我下达了一个特别紧迫的任务——要求我赶紧设计创作习主席夫妇带给韩国总统朴槿惠的国礼。说实话，这个任务压力很大的。我赶紧带着团队从设计着手，设计了好几个版本，创意的灵感来源是：韩国女总统的名字朴槿惠里“槿”就是韩国的国花木槿花，为此我们的设计师就采用了原创的木槿花图案作为这次绣品的题材，从刺绣的图案细节到绣品的外包装都是层层严格把关，经过相关部门的审核，终于成功地作为表达中韩友谊的国礼被带到了韩国，在国际社会产生了很好的反响，也为我们苏绣争得了荣誉。

类似这样的活动更坚定了我走刺绣原创道路的信心和决心，我也更加觉得原创才是苏绣保持持久生命力的关键。而且苏绣只有围绕当今社会关注的美好事物，在继承传统精湛技艺的基础上不断创新，在针法上不断丰富，将当代性和思想性融入作品中，使之符合当代的审美需求，才能获得市场的认可，苏绣这门非物质文化遗产也才能得到更好的传承。可以说，一切都是围绕苏绣的工艺性这一核心而展开，而不是丢了苏绣的核心技艺将之突变成其他的工艺门类。

问：您在传承苏绣精华的基础上对于针法有哪些突破？

姚：就拿墙上的这幅大型苏绣《父亲》来说吧。这幅油画的原作者是著名画家罗中立，他的艺术造诣已经是业界公认，我们在罗院长的支持下开始把这幅作品通过用苏绣的刺绣语言来再现。由于这幅画本身的笔法肌理非常丰富，所以我们在刺绣时也相应地运用了多种刺绣针法。总体上来说，这幅画是归口于平乱结合的针法，我们沿承的是仿真绣的工艺脉络，将平针绣和吕凤子先生于20世纪30年代首创的乱针绣结合，充分发挥了这两种针法的特色和优势。乱针绣的特点是近看一堆草，远看却极有层次；平针绣则适合近看，但是在题材和丝线颜色方面却受到一定的局限。将此二者结合，绣出的作品针法细腻，既可远观又可近看。

姚建萍在讲解原创苏绣

问:那在刺绣《父亲》这幅油画作品时是如何下针的呢? 是不是事先画好针法再实施?

姚:要绣出精品来的话,绣娘的针法技艺必须先得达到一定的水平,不然的话,就跟绘画一样,如果先画一笔然后再想下一笔,是画不出好的作品来的,必须是“心中有数”,才能下笔如有神。我们在绣制《父亲》时,丝理和针法都是根据人物面部的结构和光线来处理,而不是拘泥于既有的针法,一切都为创作的需要服务,只有这样才能达到下针“如有神”的境界。正是从这个认识出发,我们才终于达到了“随心所欲”的创作状态。参与绣制的绣娘既有深厚的刺绣功底,又有深厚的美学基础,两个完美结合,才飞跃到了新的境界,也才使得我们的作品能够跳出一般苏绣作品的窠臼,对《父亲》的神采、神态进行完美的再现,所有这些艺术效果都是在丝理和针法运用得恰到好处后才取得的。

问:您从事苏绣艺术创作至今,最有心得的是哪个方面?

姚:我从事苏绣艺术创作已经有30多年了,这么多年来一直也是在思考:今天的苏绣之路到底该怎么走? 她还能保持昔日的辉煌吗? 事实证明完全是可以的,使苏绣永葆青春活力的关键就是在传承中创新。比如说我绣的这幅“大绣”作品《惊涛拍岸》。这是一幅原创苏绣,被布置在人民大会堂。它的宽度达7.5米,高度为3.4米,这在历史上的苏绣作品中是绝无仅有的。我国沿海发达地区人民的生活水平已经提高到一个初步实现现代化的状态,不少人家的居住环境都有了极大的改善,对装饰家居的苏绣作品形制也有了新的需求,大型苏绣绣品也开始被引入室内装饰之中,但是前提是:这些绣品必须是原创。这件《惊涛拍岸》就是这方面的代表作,在画面中,从上到下水天一色,画面极具纵深感,画面里出现的每一样物件,比如礁石、浪花、船只等一一都设置妥当、位置准确,又极富动感。如果处理得不好,水面就会“爬”到天上去,不仅没有了纵深,还会混沌一片。在绣制时,施针必须注意丝理和风向的关系,顺和逆一定要处理正确,只有这样才能表现出惊涛拍岸的宏大气势。

还有一幅大型绣品是取自于关山月《江山如此多娇》的画意,在施针时尤其注意追求丝线配色的雅致和细腻,因为这是苏绣的基本特征。所以我们团队的绣娘们在我的带领下每天都钻研色彩的搭配和针法的处理技巧,不仅要读懂原作的绘画语言和寓意,更要弄通刺绣的语言表达技巧,追求文雅的意境,保留苏绣的原汁原味,而又与当代审美高度融合,并且还不能是刻意去做,只有到了熟能生巧的阶段时,才能表达出苏绣的那种独有味道,也才有意思。

不过说起来简单得只有几句话，做起来就不是那么容易了。只有做到将优秀的原创画面与高超的刺绣工艺相结合，才能产生苏绣的精品，也才能得到市场的认可。

（本文由姚建萍口述 李敏整理）

姚建萍简介

姚建萍，1967 年 4 月 6 日出生于苏州镇湖，著名苏绣艺术家，研究员级高级工艺美术师，国家级非物质文化遗产项目（苏绣）代表性传承人，被誉为“苏绣皇后”。中国文联第八届全国委员会委员，全国“三八”红旗手，全国十大艺术英才，全国“双学双比”女能手标兵，联合国教科文组织授予“民间工艺美术大师”，中国刺绣艺术大师，中国民间文艺家协会理事会理事，江苏省人大代表，江苏省民间文艺家协会副主席，江苏省首批“五个一”高级人才，公派北京大学及德国斯图加特学院研修学者，江苏省“333 工程”培养对象，公派美国加州伯克利大学高曼公共政策学院进行研修。中国刺绣艺术史上第一个进入国家级艺术殿堂——上海美术馆举办个人艺术展的刺绣艺术家。

钟锦德：在转益多师中传承创新

钟锦德工作照

我从小就耳濡目染受到了手工艺的熏陶。记得1980年我参加高考，当时的我一心向往去读大学，可惜由于初中正值“文革”期间，我的文化底子薄，与心目中的大学失之交臂，毕业后就开始跟着家里人后面学雕刻。在我生活的这一带农村，男人做手艺、女人从事刺绣是常见的家庭谋生方式，基本上也是我们的生存方式。1980年，国家鼓励民间工艺美术出口创汇，国营企业苏州红木雕刻厂由于内部产能不足，就把不少红木雕刻活外发到苏州周边乡下由有手艺的匠人加工。当时我家附近有唐村红木雕刻厂、舟山红木雕刻厂、唐村中学红木雕刻厂。那时候要进镇办的雕刻厂是很难的，要有“关系”。我家里托了一个在村里担任支书的表哥（隔了几房的）想把我安排进村办厂学手艺。当时进村办厂一方面工作固定，一方面因为有活做所以收入也稳定，可惜这件事由于厂方没有招收学徒工的计划而没有成功，厂里要我耐心等机会。可是我觉得不能就这么等下去啊，一心要进社办厂的我在等待中做了三个月泥瓦小工，还忙里偷闲地到村里的木工手艺人家里去看门道。

我姐夫是唐村中学校长，他劝我不要再等村办厂了，正好校办核雕厂引进了几位水桥的高水平师傅，我就答应了姐夫。下雪天，姐夫带着我拎着两瓶酒去擅长雕刻的李兴根师傅家里拜师。当时师傅才二十七八岁，可是他的刀上功夫方圆几十里都是很有名的，人又聪明又勤奋。为了表示郑重，特意举办了拜师仪式。

那时候专用的木雕雕刻刀还没有，我自己用高级弹簧钢打制了雕刻刀。之后在雕刻中做刀的技艺也是不断揣摩改进，直到刀的硬度恰恰好和木质的要求相协调。有的时候因为火候难掌握，一天也打不成一把刀。没有现成的刀把，就自己到山里头去找合适的木头回来做。

记得当时最希望的就是自己能天天有活做。师傅会亲自到红木厂拿活回来做，加工后去给厂里送货的人实际上是技术最好的，因为要能够在红木厂指

出问题后赶紧现场修改啊。(笑)

红木厂的验收非常严格,最严格的验收方法是:在木雕件上洒了水放在日光灯下看,这时候雕工的高低好坏就完全显出来了。验收人会用粉笔在木雕件上做记号,记号多的就得被打回来修改甚至返工。那时候送货是用专门的一种短扁担把成品木雕挑上公交车,有的货还得从车窗里塞进去,几个人轮流着送货,很辛苦。但是只要有活做,也就不觉得辛苦了。有的时候师傅会叫我们带上几包“飞马”牌香烟,请求验货人对我们手下留情。(笑)很多时候师傅会带上我一起修,尽量当天修好交货,因为没钱住旅馆啊,必须要手脚快嘛。红木雕刻厂要求严格,而外包厂家竞争也很激烈,谁的活好红木厂就把活外发给谁,而且跟对方搞好关系也很重要。有时候我们会送点猪头肉、青鱼给人家,表达一下自己的心意。我们心里想的是,只要有市场有活做,收入总比单纯在家种田来得好。

那个时候因为是给外贸加工活,工艺要求特别高,而我们还不懂审美,红木厂也因此被外贸部门退过货,竞争压力大,所以我们心里也特别想做好。活做好后先由师傅验收,不合格就返工修。有这样的压力,初入门的徒弟一般只做简单的,至少要学个一年半载的才能再往下深入。

钟锦德木雕作品

记得我是从刮刀修光工艺入手学的,这是东阳木雕以及其他木雕不具备的苏作木雕独特工艺。苏作木雕一定要用刮刀修光,使产品没有一点点水波浪,保持在同一个水平面上。单是这一道工艺就要学上半年。如果师父好容易雕好了,徒弟修光搞坏了,除了返工重做,别无他法,而且还要被师傅责骂。

在铲底时也是要求在同一个平面里，根角里一定不能拖泥带水，必须处理得非常干净。比如最简单的回字纹雕刻，必须先左右各去掉三分之一，才能做成圆形。

简单的刀法练好后才可以做云纹。云纹随形说起来简单，但是要做到流畅确实有一定难度的，一定要掌握好平行直角，千万不能有斜角，因为哪怕有一毫米的误差，做出来的东西就不对了。所以，即使是一个小小的博古架，其实也是很考验匠人功夫的。后来做龙纹、花卉如玉兰花、梅兰竹菊等，也是要求匠人必须掌握好叶子的动态、正反面叶子翻卷时的形状特征等。

有时没活了放假，有的徒弟会去玩耍，我会到唐村雕刻厂去做些加工活，比如雕制树叶形果盘或粉盒等，都是出口产品。再比如日本的榻榻米，中国人称之为香几的家具，它的尺寸在 60 ×40 厘米左右，订货量最多，当时这类家具的配套牙板做得最多。

1984 年，我出师了，曾经有一段时间没活做。放假期间，我到姐夫的朋友、镇湖的郁根龙师傅那里学习小件雕刻。郁根龙师傅的父亲特别擅长做冲山小件佛像，而郁根龙师傅本人则专门给红木雕刻厂加工苏式门狮。

那时候经济水平低，大家都很穷，之后就开始从家具上的平面雕转向做圆雕，以适应市场需求，难度一下子就提高了。这中间我又学做核雕，跟着须吟笙师傅学手艺。这又是一段插曲。

一朝为师父终生都是师父。我也叫郁根龙师父，因为我跟他又学了另一门新的手艺。

实际上我一直在谋生存的同时勤奋地学习。我是村上最勤快的人，到了晚上，村子里只有我家还传出敲敲打打的干活声音，因为是一心要按照既定的计划来做生活。

跟了郁师傅后我又跨入了新的领域，但是我不能到红木雕刻厂去抢师傅的饭碗啊。这时候北京的狮子造型激发了我的灵感，我开始有意识地做起了木雕狮子。当时我的绘画水平不够，不会做立体画，只好先画四个面的图样，这样做出来的狮子当然不能尽如人意，至今那件作品还保留在我的家里。

我把试验出的作品拿到红木雕刻厂去给他们看，对方就给了我几块红木料让我照这个样子加工。等我第一批货送去验收成功后，厂里的工作人员又从边角料里找了几块出来让我做五对木雕狮子。那时候每只狮子要花三天的工，我也是一边做一边摸索，终于获得了认可。巧的是，刚好各地的友谊商店、美术品商店和涉外宾馆来了不少订单，其他木雕艺人看我做起来了，便也跟着做起了木雕狮子。

有时又没活做了，我就请姐夫带着我跑到光福红木雕刻厂找到李厂长和于副厂长，把自己做的东西给他们看，他们跟我讲："四月份广交会，你多做几个规格的给我们，我们去试试。"

钟锦德木雕作品

我答应后就按照送的木狮子成比例放大做了好几个样品。结果上了广交会后，一下子就来了30多万元的订单，加工木雕狮子一下子成了一个兴旺的产业。但是订单多了一下子消化不了，光福厂里就招了20个学生，由厂里30多岁的高水平师傅教他们。这时，光福厂里希望我留在厂里和其他师徒一起做，而且让我负责打图样，我的荣誉感特别强，就和大家一起赶工，日夜加班做。我们的收入也明显上来了，记得立体雕一天的工钱有5元，平面雕一天2.5元，比普通的工人收入高了不少。

不久厂里就以这套班子为基础，组建了红木小件雕制车间，我依旧负责打样。也就是从这次以后，我对立体雕产生了浓厚的兴趣。

1985年，姐夫叫我去广东增城做橄榄核生意，我在当地的村支书家里等了40多天，一直到橄榄核成熟后运回苏州，回到苏州我困得连蚊子叮咬都不知道。家里人看到我都说我被太阳晒得乌黑乌黑。(笑)我却只记得在广东吃过的海鲜粥很好吃。

姐夫当时把我送到东山红木雕刻厂，跟着陈忠林车间副主任和范科长做生活。东山雕刻厂主要做仿古木雕，雕好后还要做旧，主要就是供外贸出口。

从1988年开始一直保持到县办厂改制，也就是1998年左右厂子倒闭之前，我一直在做外发加工。不过这时候东山厂是让我自己买木料做好后交给他们，这种外发模式我的工钱比原先那样又多了不少，家里生活明显改善了。市里的红木厂也写信请我去拿活，可是我实在忙不过来，之后也就是断断续续给红木厂加工一些木雕件，直到转制结束，本身经济就困难的厂里工钱结算比较慢，我就开始犹豫要不要继续做木雕，有一阵子我甚至真的改做了砖雕。记得我做了一幅砖雕《九龙壁》，放在家里灶台间边上七八年后被朋友以一万多元的价格买走了。

1992 年，我接触到了浙江乐清的黄杨木雕，对大师级的作品心里就特别向往。乐清的木雕送到东山厂来销售，我从这些木雕件中受启发，留心起了人物雕刻。我跟东山厂合作的时间长达 15 年，到 2000 年左右才终止了合作。

这以后我在市中心的皮市街开了家木雕门市部，也就在此时，我才真正开始面对客户。从皮市街起步，和客户的零距离接触使我的信息量明显增加了，我也真正了解了客户的需求。

在和东山厂合作的同时，20 世纪 90 年代我自己也独立做传统家具，这是一块完全不同于外发加工的活。1990 年以后有了边境贸易，老百姓用人民币可以购买和销售红木原材料了。我跟姐夫借 2000 元买了不到 2 吨的花梨木——终于可以用原大料做小件和家具了，心里真是很开心的。

钟锦德家具作品

我学做传统家具也是小时候就开始了，邻居石师傅的家具制作技艺特别高超，我经常跟着帮忙，从而学会了做老式家具。我是从做八仙桌起步的，为了达到那种老家具的效果，我托关系请朋友给园林打招呼，又带了尺子到园林里去量尺寸，一点一点地模仿，从太师椅、花架到清式家具，几乎把园林里的那些老家具量了个遍。为了模仿得像，我特意狠心买了个海鸥牌照相机，把能拍的细节都拍下来，回到家里慢慢揣摩，照着样子做。有了这么多的历练，到 2002 年苏州昆曲博物馆要复制镇馆之宝堂名灯担时，虽然很难，但是我也没有轻言放弃，而是把自己关进博物馆，花了整整一个月的时间精确绘制原件的尺寸、榫卯结构和图案，最终胜利完成了任务。这件复制品曾经被送到国家大剧院和台湾省去展出。在做这件复制品时我是怀着学习的心态，也不计较工资，后来以那些图纸为基础，我去红木厂去强记第三件堂名灯担原件，最后做出来的复制品比一开始做的那件还要好。不过由于只有我知道拼装的榫卯结构和技巧，所以一遇到需要展出，我就得亲自去拆装那套堂名灯担。

由于受市场因素的影响，目前来看，苏作工艺中传承得比较成功的要数核雕、玉雕和苏绣技艺了。苏作红木雕刻产业的市场很大，但是受到机作的冲击，在中低端市场，这种冲击的负面影响尤其明显。

在这样的情势下，可以说是市场逼得我必须进修和提高，让自己的技艺能够跟着时代的审美而与时俱进。在我心里特别希望自己能够从一个手工艺人升华为艺术家，而我也知道，要成为艺术家就一定要有自己的东西，要能够将自己内心的思想以美的形式来予以展现。既要有艺术的审美框架，又要有丰富的审美内涵；还需要考虑能否将粗犷和细腻在同一作品中予以矛盾地展现。此外，还要能够与材料的质地相结合，力求能够展现出材质的优点和特质。这种境界不是简单的几刀就能够达到的。后来我在传统家具的制作工序甚至原料的应用上都做了不少创新性的尝试，事实证明，我的这些尝试性努力是经得起专家的推敲和市场的检验的。

工艺有价艺无价。我的切身体会是，在技术和审美都受到较大冲击的今天，只有走高端艺术的道路才能在社会大变革中不被淘汰乃至永葆艺术青春。木雕技艺其实早已进入成熟期，而如何在木雕题材和形式上创新是我们最需要思考和努力解决的问题。再说到木雕技艺的传承，在我看来，传承的问题在于，技艺本身有个成长的过程，由于以往那样代工历练的学习环境不可复制，当下的中低端市场被机器加工所取代，与中低端市场需求相对应的基础技艺也就得不到锻炼和传承，所以在近期内基础技艺的传承可能会出现空白，由此，高端的木雕技艺也就没有了承续的基础，这也是我们必须面临和要花大力气解决的问题。

我们的邻国日本也正遭遇着刚才我说的这种情况，这可能是一种时代的共性问题，我也希望尽我自己的一份力量来为木雕技艺的传承乃至发展和创新加油。

（本文由钟锦德口述 李敏整理）

钟锦德简介

钟锦德，江苏省工艺美术大师、研究员级高级工艺美术师、苏州市“苏作”红木雕刻技艺代表性传承人、清华大学美术学院访问学者、中国艺术研究院访问学者、苏州市工艺美术职业技术学院兼职实训教授、苏州市劳动技师学院传统工艺指导大师、苏州市吴中区政协委员、中国工艺美术协会理事、中国工艺美术学会会员、中国工艺美术学会明式家具专业委员会委员、中国工艺美术学会木雕艺术委员会委员、中国民间文艺家协会会员、中国民间文艺家协会雕塑艺术委员会常务委员、江苏省国际文化交流中心理事、江苏省美术家协会会员、江苏省工艺美术协会会员、江苏艺术设计职业教育集团理事、苏州市工艺美术协会学会理事、苏州市民间文艺家协会理事副秘书长、苏州市吴中区民间文艺家协会副主席。

梦里水乡

附录

Chuangyijiangnan

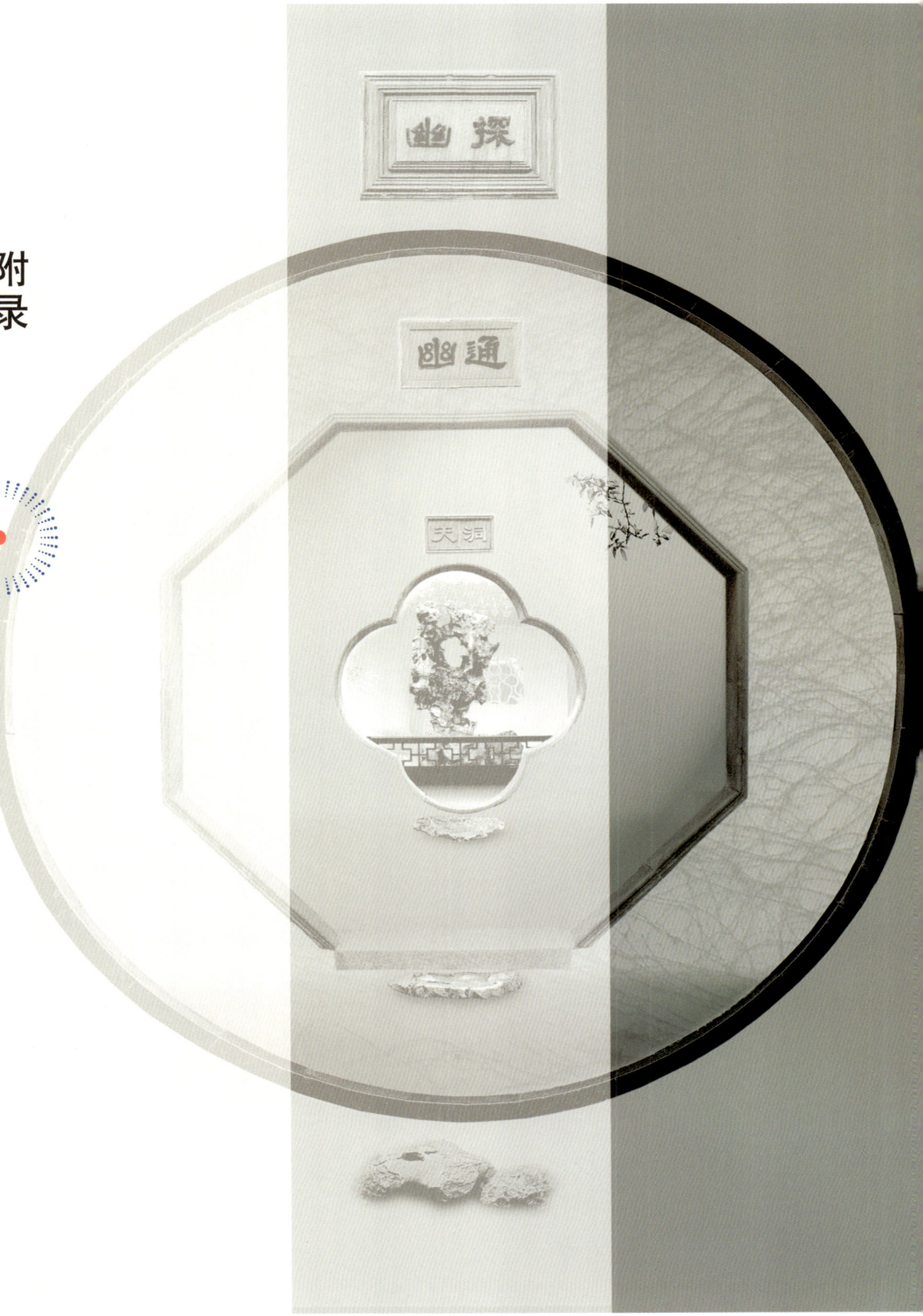

水墨映周庄

第一届“双十”评选活动获奖名单

江南十大创意策划师

序　号	姓　名	单　位
1	吴　严	苏州“两个天堂”创意策划传播有限公司
2	赵　羽	苏州赵羽设计有限公司
3	汤　生	苏州远大广告设计有限公司
4	张　夷	景观园艺(苏州)企业机构
5	费幸林	江苏水乡周庄旅游股份有限公司
6	张克平	无锡市旅游局
7	潘正军	丹阳天正房地产开发有限公司
8	许兴林	苏州市旅游度假区管委会
9	魏向东	苏州大学旅游系
10	王晓雄	苏州广播电视总台

江南十大创意策划案例

序号	案例名称	策划单位	联系人
1	苏州泰元文化社区	景观园艺(苏州)企业机构	张　夷
2	苏州《城市商报》家家通跳蚤市场	城市商报	
3	白马涧冰雪狂欢冷饮节	苏州华方星际咨询策划有限公司	李　芳
4	中国太湖开捕节	苏州太湖国家旅游度假区	许兴林
5	红蚂蚁情感装饰	江苏红蚂蚁装饰设计有限公司	
6	吴都会馆	苏州市新沧浪房地产开发有限公司	
7	苏州与奥运同行	苏州志高公共关系顾问有限公司	俞伟华
8	苏州旺山生态农庄	苏州东方景深策划设计有限公司	陈玉明
9	苏州科技文化艺术中心	中新苏州工业园区置地有限公司	
10	苏州市澳韵花园	中新苏州工业园区置地有限公司	

第二届“双十”评选活动获奖名单

江南十大创意策划师

序　号	姓　名	单　位
1	龚国钧	江苏亚细亚集团
2	朱利荣	苏州友邦展览服务有限公司
3	史世彬	嘉和控股集团有限公司
4	李庆彤	苏州工业园区塞奇影视文化有限公司
5	朱　巍	苏州书香门第酒店投资管理有限公司
6	陈翰星	苏州本色美术馆
7	金海鸥	金海鸥创作设计研究所
8	饶天钢	苏州(当代艺术之窗)经典礼品商行
9	倪燕文	常熟东方文化发展有限公司
10	徐之伟	江苏隆力奇生物科技股份有限公司

江南十大创意策划案例

序　号	姓　名	单　位
1	朱丽荣	昆山市四季周庄文化有限公司
2	徐玉麟	苏州桃花坞投资管理有限公司
3	叶正林	苏州山塘历史文化投资发展有限公司
4	冯晓东	苏州“香山工坊”建设投资发展有限公司
5	汤爱兵	高新区镇湖街道(办事处)
6	王显军	金庭镇政府
7	祁　麟	苏州广电总台社会经济频道
8	周　涛	苏州天堂卡通数码制作有限公司
9	赵　羽	苏州赵羽设计有限公司
10	毛宇戟	江苏红蚂蚁集团

江南十大创意策划师提名奖

序　号	姓　名	单　位
1	王晓东	雨村美术馆
2	王　斌	苏州桃花坞年画博物馆
3	王　怡	江苏华实广告有限公司
4	王　瑾	太仓市贤信堂设计咨询有限公司
5	朱海涛	张家港市海马广告装潢艺术中心
6	张志刚	张家港电视台
7	吴　坤	苏州士奥动画制作有限公司
8	曹一清	苏州神霄网络文化传播有限公司
9	廉　凯	苏州工业园区同志策划企业形象策划服务有限公司
10	蔡云娣	苏州市吴中区木渎蔡云娣石雕艺术工艺厂

江南十大创意策划案例提名奖

序　号	姓　名	单　位
1	刘　勇	苏州深度旅游策划有限公司
2	陆文红	苏州市实验小学
3	庞　欢	常熟市文广新局
4	黄烨琳	苏州软件园培训中心有限公司
5	祁　麟	苏州广电总台社会经济频道
6	张　夷	金阊区山塘街576号
7	唐海平	江苏万思国际传媒有限公司
8	夏新镕	苏州华方传媒文化有限公司
9	盛同辉	江苏天翔广告传媒有限公司
10	韩惊雷	苏州阳澄湖生态休闲旅游有限公司

第三届“双十”评选活动获奖名单

十大创意策划案例

序号	案例名称	申报单位	领奖人
1	“家在苏州”宣传思想文化品牌建设	中共苏州市委宣传部	孙振铄
2	苏州乐园第十五届国际音乐啤酒节	苏州乐园发展有限公司	何冠霖
3	苏州婚庆文化产业博览会	苏州市苏报文化投资有限公司	陈志刚
4	“盛世观前”戏曲艺术节	平江文化馆	周壮丽
5	原创动画片《瓢虫贝贝》系列衍生品开发	江苏天堂卡通文化传播有限公司	王　晔
6	中国工艺文化城	呈辉工艺文化城(中国)有限公司	陈　春
7	朗誉当代国际别墅设计节	江苏朗誉装饰工程有限公司	张　丽
8	东南东文化创意产业园区	昆山申湖旅游商业发展有限公司	杨　丽
9	三一挖掘机变形金刚	昆山创意设计中心	曹　阳
10	“轧神仙”民俗文化活动	金阊文化馆	钱敏昱

十大创意策划师

序号	姓　名	所在单位	领奖人
1	沈柏平	苏州农业职业技术学院	沈柏平
2	毛小松	苏州创捷传媒展览股份有限公司	徐锦涛
3	李永波	太仓灵狮创意文化产业发展有限公司	李永波
4	盛同辉	江苏天翔广告传媒有限公司	盛同辉
5	冯晓东	苏州“香山工坊”建设投资发展有限公司	冯晓东
6	汤　政	江苏新天工广告有限公司	汤　政
7	汤　生	苏州远大广告设计有限公司	汤　生
8	刘文征	苏州工业园区易亚传媒有限公司	刘文征
9	廉　凯	同志策划传播机构	廉　凯
10	潘宏宾	苏州市友邦展览公司	潘宏宾

十大创意策划团队

序号	团队名称	申报单位	领奖人
1	旭日品牌中心	江苏旭日装饰工程有限公司	张冬梅
2	江南创意团队	江南文化创意设计产业园	罗　蕾
3	情调苏州工作室	苏州日报报业集团	乔俐菲
4	《对话苏州》栏目组	苏州广播电视总台新闻综合频道	徐　蕾
5	华方传媒文化有限公司团队	苏州华方传媒文化有限公司	
6	士奥衍生品研发团队	苏州士奥动画制作有限公司	孙冬梅
7	苏州市科普促进中心	苏州市科普促进中心	崔　俊
8	欧瑞动漫创意策划团队	苏州欧瑞动漫有限公司	顾　雯
9	吴江鼎盛创意开发中心	吴江鼎盛丝绸有限公司	吴建华
10	艺吴门团队	苏州工业园区肯达文化艺术发展有限公司	江小玲

十大新锐创意策划师

序　号	姓　名	申报单位	领奖人
1	丘智贤	江苏吴都潇湘影视文化发展有限公司	丘智贤
2	陶开俭	苏州漫画学会	陶开俭
3	谭志洪	江苏金蟾数字文化产业有限公司	谭志洪
4	冷赟玲	苏州太湖窑陶艺工作室	冷赟玲
5	王　瑾	苏州赵羽设计有限公司	王　瑾
6	郑国栋	苏州秀创展览展示器材有限公司	郑国栋
7	陶哲文	坤泰文化传播有限公司	陶哲文
8	吴芝其	景观园艺企业机构	吴芝其
9	平家华	苏州工业园区设计研究院股份有限公司	平家华
10	陈乐余	苏州旭智设计营造有限公司	陈乐余

苏州市国家级、省级文化创意产业示范基地一览表

序号	园区(基地)名称	级别	审批设立(或授牌)部门	联系人及电话	地址
1	国家影视网络动漫实验园(张家港软件(动漫)产业园)	国家级	国家广电总局	陈力克 58239912	张家港市国泰南路9号
		地市级	苏州市人民政府		
2	昆山文化创意产业园	国家级	国家文化部	徐卫斌 57200603	周庄镇富贵园内22号楼
		省级	江苏省文化厅		
		地市级	苏州市人民政府		
3	国家影视网络动漫实验园(昆山软件园动漫数字产业基地)	国家级	国家广电总局	王斌斌 57882522	巴城镇学院路88号
		省级	江苏省文化厅		
		地市级	苏州市人民政府		
4	胥口书画全国文化(美术)示范基地	国家级	国家文化部	胡一龙 66210228	胥口镇新世纪花园
		地市级	苏州市人民政府		
5	江苏国家数字出版基地(苏州园区)(苏州阳澄湖数字文化创意产业园)	国家级	国家新闻出版总署	恽如伟 66730873	太平街道兴太路268号
		地市级	苏州市人民政府		
6	苏州国家动画产业基地	国家级	国家广电总局	姜皓 62529888-302	金鸡湖大道1355号
		地市级	苏州市人民政府		
7	镇湖苏绣文化产业群	国家级	国家文化部	汤爱兵 66800528	镇湖绣馆街1号
		地市级	苏州市人民政府		
8	沙家浜江南水乡影视产业园	省级	江苏省文化厅	顾永忠 52507583	沙家浜景区
		地市级	苏州市人民政府		
		县级	常熟市人民政府		
9	苏州沧浪文化创意产业街区	省级	江苏省文化厅	金凤珍 65726668	沧浪区新市路
		地市级	苏州市人民政府		
		县级	沧浪区人民政府		
10	苏州文化艺术中心	省级	江苏省文化厅	戚榕 62899608	工业园区观枫街1号
		地市级	苏州市人民政府		

苏州市文化创意产业基地园区通讯地址

序号	地区	单位名称	地　址
1	张家港市	张家港市文广新局文化产业科	张家港市杨舍镇人民中路58号广电大厦
2		张家港软件(动漫)产业园	张家港市国泰南路9号
3		江苏红叶视听器材股份有限公司	张家港市杨锦公路382号
4	常熟市	常熟市文广新局文化产业科	常熟市枫林路152号
5		沙家浜江南水乡影视产业园	常熟市沙家浜风景区
6		常熟国家大学科技园	常熟东南经济开发区金都路8号
7		虞山尚湖江南文化博览园	常熟虞山尚湖
8		江苏网路神文化产业园	常熟市高新技术产业开发区香江路111号
9		波司登(中国)服装研发设计中心	常熟市波司登工业园区
10	太仓市	太仓市文广新局文化产业科	太仓市新华东路70号
11		太仓灵狮创意文化产业发展有限公司	太仓市上海东路95号
12		天镜湖文化科技产业园	太仓市太平新路8号
13		太仓市科技文化产业园	太仓市科教新城健雄路1号
14	昆山市	昆山市文广新局文化产业科	昆山市前进中路409号
15		昆山文化创意产业园	周庄镇富贵园内22号楼
16		昆山软件园动漫数字产业基地	巴城镇学院路88号
17		江苏彩华包装集团	昆山市张浦镇新吴街21号
18		苏州福纳影视基地	昆山市萧林西路889号
19	吴江区	吴江区文广新局文化产业科	吴江区松林镇鲈乡南路1887号
20		同里影视摄制基地	同里镇中川南路1号
21		盛泽纺织创意产业园	吴江区盛泽镇西二环路1188号
22	吴中区	吴中区文体局文化产业科	越溪苏街198号吴中商务中心A座6楼
23		金枫路创新创意产业街区	吴中区木渎镇金枫路
24		苏州宝成平面文化产品出口基地	吴中经济开发区南湖路33号
25		胥口书画全国文化(美术)示范基地	胥口镇新世纪花园
26		“香山工坊”古建文化产业基地	吴中区胥口镇古村路8号
27		中国工艺文化城	吴中区光福镇福东路99号

续表

序号	地区	单位名称	地　址
28	相城区	相城区文体局文化产业科	阳澄湖东路行政中心 11 号楼
29		苏州阳澄湖数字文化创意产业园	太平街道兴太路 268 号
30		苏州元和文化创意产业园	相城区万里路 268 号
31		相联婚庆文化创意产业园	相城区元和街道喜庆路 99 号
32	姑苏区	姑苏区文化商旅发展局产业科	西环路 3068 号
33		苏州沧浪文化创意产业街区	沧浪区新市路
34		苏州市婚庆文化创意产业园	苏州市平江区养育巷 415
35		苏州市容创意产业园	苏州市平江区白塔东路 26 号
36		江南文化创意设计产业园	苏州市胥江路 426 号
37		苏州山塘历史文化街区	苏州市广济路 218 号
38	工业园区	工业园区服务业发展局文化产业科	现代大道 999 号现代大厦 16 楼
39		苏州国际科技园	金鸡湖大道 1355 号
40		苏州文化博览中心	工业园区观枫街 1 号
41		苏州欧瑞动漫产业园	苏州工业园区星湖街 328 号创意产业园欧瑞大厦
42		苏州动漫人才培训基地	苏州工业园区金鸡湖大道 1355 号国际科技园一期
43		苏州蜗牛游戏产业基地	工业园区金鸡湖路 171 号
44	高新区	高新区服务业发展局文化商旅处	高新区科普路 58 号科技大厦
45		镇湖苏绣文化产业群	镇湖绣馆街 1 号
46		苏州科技城文化科技产业园	高新区科技城
47		苏州百匠街工艺美术产业基地	苏州高新区东渚镇荷花街
48		苏州乐园	苏州高新区金山路 87 号
49		苏州创捷传媒展览创意中心	苏州市三香路 1158 号盐业大厦

苏州市文化产业项目建设汇总表

编号	项目名称	主导产业	建设单位	项目地址
A01	★张家港软件(动漫)产业园	多媒体、动漫游戏软件开发;数字动漫、游戏设计制作	张家港市开发区实业公司	张家港市南二环路南侧、西区大道西侧
A02	苏州江南农耕文化园	文化休闲娱乐服务	苏州江南农耕文化园有限公司	张家港市南丰镇永联村
A03	如意通动漫总部大厦	多媒体、动漫游戏软件开发;数字动漫、游戏设计制作	江苏如意通动漫产业有限公司	张家港市经济开发区塘市阵中西路2号
A04	京海明悦时尚产业创意中心	时尚产业研究、开发、孵化培训及生产。	京海名悦(张家港)科技有限公司	张家港市开发区镇北西路南侧,西区中路东侧
A05	张家港保利大剧院	文艺创作与表演	张家港市保利大剧院管理有限公司	张家港市人民东路5号
A06	恬庄古街(四期工程)	文化休闲娱乐服务	凤凰镇旅游发展有限公司	张家港市凤凰镇
A07	张家港双山岛文化旅游度假区	文化休闲娱乐服务	旅游度假区管委会	张家港市双山岛旅游度假区
B01	常熟服装城时尚文化艺术中心	服装推介展示及演出	江苏常熟服装城管理委员会	常熟市商城中路1号
B02	常熟海星岛乐园	海洋馆、游乐场、水上游乐中心等休闲娱乐服务	江苏海星岛实业有限公司	常熟市昆承湖穿湖大堤
B03	虞景文华广场	商业旅游、文化经营	常熟市虞景文华商业管理有限公司	常熟市北门大街
B04	◆常熟国家大学科技园	设计研发、软件服务外包、电子商务等	常熟大学科技园有限公司	常熟东南大道333号
B05	波司登服装创意产业园	服装设计、研发、销售	波司登集团	常熟东南开发区东南大道口
B06	白茆红豆山庄建设工程	主题文化休闲旅游	苏州古里旅游发展有限公司	常熟市古里镇
B07	文昌古街区建设工程	文化休闲娱乐服务	苏州古里旅游发展有限公司	常熟市古里镇
B08	网路神动漫产业园	原创动漫、影视后期及衍生产品开发	江苏天堂卡通文化传播有限公司	常熟市沙家浜镇东升路

续表

编号	项目名称	主导产业	建设单位	项目地址
B09	◆虞山尚湖江南文化博览园	文化休闲娱乐服务	常熟市虞山尚湖旅游发展有限责任公司	常熟虞山尚湖
B10	▲沙家浜江南水乡影视产业园	主题文化休闲旅游	苏州沙家浜旅游发展有限公司	常熟沙家浜风景区
B11	常熟纺织服装创意产业集聚区	服装设计生产销售、电子商务营销等	常熟虞山镇	常熟市南三环路、苏常公路、莫干路以及和睦路所围合的区域
C01	江苏太仓创意产业园	工业设计	江苏太仓创意产业园有限公司	太仓市科教新城书院路101号
C02	▲江苏（太仓）LOFT创意产业园	工业设计	太仓灵狮创意文化产业发展有限公司	江苏省太仓市上海东路95号
C03	▲天镜湖文化科技产业园	数字媒体、移动互联网	太仓市科教文化发展有限公司	太仓市科教新城
C05	中国沙溪连环画村	连环画创作、展示、培训	太仓市沙溪古镇旅游开发有限公司	太仓市沙溪镇
C06	太仓科技信息创意产业园	服务外包、、科技研发、软件开发、移动增值服务等	太仓大学科技园有限公司	太仓市健雄路20号
C07	太仓市科技创业园	软硬件开发、信息服务、动漫数字内容、创意设计、服务外包	太仓市科技创业园有限公司	太仓经济开发区北京西路6号
C08	中国（太仓）兰花文化产业园	兰花培植、兰文化展示	太仓新城兰花园艺有限公司	太仓现代农业园区内
C09	天工设计工业园	城市雕塑、园林雕塑、建筑装饰雕塑、人造景观及园林雕塑	江苏新天工广告有限公司	太仓市县府西街219号
C10	海运堤二期（特色文化休闲街）	文化休闲娱乐服务	太仓市科教文化发展有限公司	太仓新浏河以南，海运堤路以北，太平新路以西，人民新路以东
C11	沙溪古镇历史文化街区	文化休闲娱乐服务	太仓市沙溪古镇旅游开发有限公司	太仓市沙溪镇古镇区
C12	太仓江海文化产业园	文化休闲娱乐服务	太仓市滨江新城发展有限公司	太仓市浏河镇郑和大街99号
C13	太仓市双凤现代渔业文化产业园	生态观光、垂钓竞技、休闲娱乐	太仓天盛投资有限公司	太仓市双凤镇勤力村

续表

编号	项目名称	主导产业	建设单位	项目地址
C14	知青时代·家园	知青文化展示及休闲娱乐	太仓嘉年华房地产开发有限公司	太仓市璜泾镇荡茜路
D01	★昆山软件园动漫数字产业园	多媒体、动漫游戏软件开发;数字动漫、游戏设计制作	昆山软件园发展有限公司	昆山巴城镇学院路88号
D02	花桥网尚世界电影博览园	电影放映、休闲娱乐	苏州网尚世界电影发展有限公司	昆山花桥薛赵路
D03	东南东创意海洋	婚庆服务	昆山申湖旅游商业发展有限公司	昆山花桥国际商务城硅湖C区
D04	★昆山文化创意产业园	工艺美术品研发生产、旅游纪念品设计销售、文化旅游服务	江苏周庄文化创意投资发展有限公司	昆山周庄镇
D05	智谷创意产业园	工业设计、品牌策划运营	昆山智谷创意产业管理有限公司	昆山市庆丰西路669号
D06	游戏智慧谷产业园	游戏竞技、文化娱乐、电子商务	昆山城开锦亭置业有限公司	昆山市花桥镇绿地大道258号
D07	昆山文化艺术中心	电影放映、艺术表演	昆山城投公司	昆山市前进西路1850号
D08	N维空间站	动漫制作、工业设计、网络传媒、电子商务	昆山市张浦文化创意发展投资有限公司	昆山市张浦镇花园路与港浦路交界处
D09	台湾老街	文化休闲娱乐服务	昆山爱渡旅游有限公司	昆山市周庄镇大桥路68号
D10	公爵乐器研发生产基地	钢琴设计研发、生产制造、销售博览、音乐培训	苏州公爵琴业有限公司	昆山锦溪镇锦裕路西侧
E01	千一世界主题文化园(一期)	主题文化休闲旅游	同里镇农村投资有限公司	吴江同里镇肖甸湖
E02	天奕国际创意产业园	创意设计研发	吴江天奕投资管理有限公司	吴江汾湖经济开发区
E03	汾湖数码艺术基地	动漫制作、后期合成	吴江上大昊海数码艺术发展有限公司	吴江汾湖经济开发区
E04	天池文化生态园	文化休闲娱乐服务	苏州市荒天池生态旅游开发有限公司	吴江区桃源镇铜罗社区南
E05	华佳丝博园	工业旅游	江苏华佳控股集团有限公司	吴江市盛泽镇坛丘丝厂路12号

续表

编号	项目名称	主导产业	建设单位	项目地址
E06	◆同里影视摄制基地	影视拍摄、文化旅游	苏州同里国际旅游开发有限公司	吴江同里镇
E07	同里天元文化苑	围棋文化展示	同里城投公司	吴江同里镇
E08	麻立坊科技文化园	工业旅游	吴江市麻立坊科技文化发展有限公司	吴江震泽镇
E09	严慕文化古镇修复与开发(一期)	文化休闲娱乐服务	吴江市桃花源旅游开发有限公司	吴江桃源镇人民政府
E10	玫瑰园花文化产业园	花文化展示、花卉深加工、花卉养身	苏州玫瑰园园艺有限公司	吴江平望镇苏州玫瑰园花卉市场
E11	吴越文化园	文化休闲娱乐服务	桃源镇百花漾酿造有限公司	吴江桃源镇百花漾酿造有限公司
E12	震泽宝塔古街历史文化街区	文化休闲娱乐服务	吴江市震泽旅游文化发展有限公司	吴江震泽镇宝塔街12号
E13	冰心美术创意基地	美术展览、材料研究和写生实践	吴江市冰心文教用品有限公司	吴江平望镇上横村
E14	中国·盛泽纺织创意园	技术研发、成果转化、信息发布、人才培训	苏州盛泽创意园发展有限公司	吴江区盛泽镇西二环路1188号10号楼
E15	苏州蚕丝文化创意产业园	蚕丝文化展示、研发设计、生产销售	震泽镇政府	吴江区震泽省级湿地公园
E16	吴江经济开发区文化创意产业园	动漫设计、手机游戏程序应用设计、EDA软件设计	吴江科技创业园管理服务有限公司	吴江长安路2358号吴江科技创业园
E17	静思园·园影江南旅游集聚区	文化休闲娱乐服务	苏州静思园园林工程有限公司	吴江区云梨路919号
E18	太湖浦江源国家水利风景区	文化休闲娱乐服务	苏州浦江源文化旅游开发有限公司	吴江区七都镇
E19	苏州格林乡村公园	文化休闲娱乐服务	苏州格林乡村公园发展有限公司	吴江区七都镇庙港大桥北
E20	“苏派黄酒实验基地”文化产业园	酒文化展示	苏州市新同里红酒业有限公司	吴江区桃源镇远欣路833号
E21	黎里古镇开发工程项目(一期)	文化休闲娱乐服务	吴江汾湖古镇保护开发有限公司	吴江汾湖黎里古镇街区
F01	50亩文化商业地块	文化商业旅游	苏州胥口文化旅游发展有限公司	吴中区胥口新镇区,胥江南岸

续表

编号	项目名称	主导产业	建设单位	项目地址
F02	欢乐胥江主题广场	文化休闲娱乐服务	苏州胥口文化旅游发展有限公司	吴中区胥口新镇区,胥江两侧
F03	一箭河风情街	文化休闲娱乐服务	苏州胥口文化旅游发展有限公司	吴中区胥口镇一箭河沿岸
F04	光华文化创意产业园	设计研发、创业孵化设计文化展示	苏州光华同达文化创意产业发展有限公司	吴中区横泾街道吴中大道木东路交汇处
F05	苏州环太湖古村落特色文化旅游开发	文化休闲娱乐服务	苏州太湖洞庭古村旅游开发有限公司	吴中区太湖
F06	东山西新街历史文化街区、文化旅游景点修复项目	文化休闲娱乐服务	苏州东山古韵旅游发展有限公司	吴中区东山镇西新街区
F07	◆金枫路创新创意产业街区	网游开发、影视后期、动漫衍生品开发、3G 无线增值服务及广告服务	吴中区木渎镇经济技术发展总公司	吴中区木渎镇珠江路 888 号
F08	“香山工坊”园林古建文化创意集聚区	园林观览、技术研发、文化创意、人才培训	苏州市“香山工坊”建设投资发展有限公司	吴中区胥口镇古村路 8 号
F09	孙武文化园	文化休闲娱乐服务	苏州吴中旅游发展有限公司	吴中区穹隆山风景区内
F10	工艺文化特色街	文化休闲娱乐服务	穹窿山管委会	吴中区木渎镇藏书 203 省道旁
F11	中国工艺文化城	工艺美术、苏作红木、宝玉石交易展示	呈辉工艺文化城(中国)有限公司	吴中区光福镇福东路 99 号
F12	苏州中珠珠宝创意产业园 1 期工程	珠宝设计、生产、加工、销售	苏州中珠珠宝创意产业园有限公司	角直镇江南文化园 1 号
F13	本色美术馆二期	艺术品、工艺品设计制造	本色造品有限公司	郭巷街道通达路
F14	苏福 230 文化产业园	文化展示、休闲娱乐	苏州市木渎镇吉羊投资发展有限公司	吴中区木渎镇藏书穹灵路 2280 号
F15	生活艺术 · 民族风情园	文化交流、休闲旅游	苏州吴中文化产业投资发展有限公司	吴中经济开发区苏街 103 号
F16	舟山核雕村提升工程	核雕作品设计、制作、销售	苏州香山文化发展有限公司	太湖国家旅游度假区其昌路 1 号
F17	苏州古玩城	古玩交易交流展示	苏州古玩城	吴中经济开发区北港路 198 号
G01	苏州相城阳澄湖特色文化旅游	文化休闲娱乐服务	苏州相城阳澄湖旅游发展有限公司	阳澄湖生态休闲旅游度假区
G02	★苏州阳澄湖数字文化创意产业园	游戏、互动教育、电子图书	苏州阳澄湖数字文化创意园投资有限公司	相城区太平街道

续表

编号	项目名称	主导产业	建设单位	项目地址
G03	苏州婚庆产业创业园	婚纱设计、展示、销售、婚车租赁、婚庆礼品	苏州元联置业有限公司	相城区润元路西
G04	御窑遗址及金砖博物馆	非遗保护、技艺展示	相城区文体局	相城区阳澄湖西路
G05	苏州知己文化创意产业园	广告策划、书画工艺品销售	苏州天地文化旅游产业发展有限公司	相城区元和街道
G06	陈巧生炉文化艺术馆	炉文化研究交流	苏州市相城区阳澄湖镇巧生铜艺工坊	苏州知己文化创意产业园内
G07	九如动漫、多媒体设计制作中心	动漫、多媒体科教研发	苏州市阳澄湖生态休闲旅游度假区管委会	相城区阳澄湖度假区姚张港自然村东岸、城中路以西
G08	渭塘珍珠文化创意产业园	珍珠养殖、产品设计、销售	苏州中国珍珠宝石城有限公司	相城区渭塘
H01	西城永捷大厦	文化休闲娱乐服务	苏州市永捷投资有限公司	广济南路 19 号
H02	◆苏州山塘历史文化街区	文化休闲娱乐服务	江苏虎丘投资建设开发有限公司	山塘街
H03	平江历史文化街区传统建筑保护整治工程	文化休闲娱乐服务	苏州平江历史街区保护整治有限责任公司	大儒巷 40 号
H04	苏大·平江科技园——大学文化创意产业园	创意设计	苏大平江科技园投资管理有限公司	日规路 9 号
H05	旭日居家文化创意产业园	家居展示体验、研发和创意设计	江苏旭日装饰工程有限公司	枫桥路 336 号
H06	金狮文化创意产业园	文化艺术展示、产权交易	苏州大学科技创业园有限公司	金狮河沿铁路机械学院
H07	金阊区文化教育大厦	文化创意、教育培训	金阊区国资公司	爱河桥 9 号
H08	红蚂蚁家居文化创意产业园区	家居展示体验、设计研发	红蚂蚁装饰（集团）企业	娄门路 246 号
H09	新苏天地德基休闲娱乐广场（幸福蓝海影院）	电影放映	苏州新苏天地商业发展有限公司	广济南路 219 号

续表

编号	项目名称	主导产业	建设单位	项目地址
H10	大儒巷苏州手工艺文化特色街	传统手工艺展示交易	平江历史街区保护整治有限责任公司	大儒巷 40 号
H11	989 文化创意产业园	文化艺术、创意设计	苏州市丝绸进出口有限责任公司	西环路 1638 号国际经贸大厦 15 楼
H12	虎丘地区(历史文化)综合改造工程	文化休闲娱乐服务	苏州虎丘投资建设开发有限公司	虎丘周边 3.5 平方公里地区
H13	瑞富祥丝绸文化中心	丝绸展示、研发、培训	苏州瑞富祥丝绸有限公司	苏州市山塘街 136 号(原山塘中心小学)
H14	来客茂时尚生活中心	文化休闲娱乐服务	苏州金园实业有限公司	苏州市桐径北路 218 号
H15	虎丘婚纱城	婚纱礼服主题销售、创意设计、品牌孵化、展览展示	苏州虎丘婚纱投资有限公司	姑苏区苏虞张连接线东、虎阜路南
H16	姑苏·69 阁文化创意产业园	创意设计	沧粟商业投资管理(苏州)有限公司	姑苏区盘胥路 859 号
H17	IDEA 动漫体验馆	室内动漫主题乐园	苏州猫酷广告咨询有限公司	姑苏区旧学前 2-20 号
H18	双桥 868 文化创意产业园	创意设计、工艺美术、会展广告	苏州瑞德百汇投资有限公司	姑苏区西环路 868 号
H19	书香文化主题连锁酒店	文化主题连锁酒店	书香酒店集团	姑苏区景德路 366 号
H20	石湖生活广场	文化体育休闲娱乐	苏州中誉文体产业有限公司	宝带西路南太湖西路西
H21	渔家村村庄整治与再利用项目	文化休闲娱乐服务	苏州越城遗址文化旅游发展有限公司	友新路 888 号
H22	苏州市桃花坞历史文化片区综合整治保护利用工程	文化休闲娱乐服务	苏州桃花坞发展建设有限公司	苏州市桃花坞
H23	▲苏州沧浪文化创意产业街区	古玩交易	苏州文庙古玩文化创意园有限公司	新市路 2 号
H24	◆江南文化创意设计产业园	装饰、建筑设计	苏州江南无线电厂有限公司	胥江路 426 号
H25	◆苏州市婚庆文化创意产业园	婚纱摄影创意及相关产业	苏州创元资产开发经营有限公司	养育巷 415 号

续表

编号	项目名称	主导产业	建设单位	项目地址
H26	◆容创意产业园	休闲娱乐及创意设计	苏州电力电容器有限公司	白塔东路26号
H27	中创科技创意园	科技研发、创意设计	苏州中创科技创业孵化管理有限公司	娄门路266号
H28	大森科技文化创业园	科技研发、创意设计	苏州金之元商务服务有限公司	东二路18号
H29	江南智造文化科技创意园	软件设计、文化科技服务业	苏州博翰创新创业孵化管理有限公司	新庄立交南新庄西路12号
H30	品阁时尚创意园	休闲娱乐及创意设计	苏州盛容企业管理有限公司	干将东路690号、和基广场西侧
H31	好百年婚纱产业创意园	婚纱器材销售及产业链	苏州市威尔玛房地产投资有限公司	苏站路南，广济北路高架西
H32	桃花坞文化创意产业园	非遗产业化	苏州桃花坞投资管理有限公司	桃花坞大街158号
I01	★苏州国家动画产业基地	软件研发、动漫游戏等	苏州国际科技园	工业园区星湖街328号
I02	◆欧瑞动漫产业基地	动漫作品研发、人才培训、动漫科普旅游和动漫衍生品开发	苏州欧瑞动漫有限公司	工业园区星湖街328号创意产业园欧瑞大厦
I03	复合式诚品书店文化商业综合体	复合式书店、文化商场等	苏州工业园区旺和发展有限公司	工业园区月廊街以东、右岸街以西、翠园路以南
I04	苏州凤凰国际书城	大型书城、影院、主题动漫城等	苏州凤凰置业有限公司	园区苏惠路98号国检大厦1010
I05	华谊兄弟电影文化体验园	电影文化体验和休闲娱乐	华谊影城（苏州）有限公司	园区阳澄湖半岛慈云路9号
I06	李公堤三四期	艺术创作展示、文化休闲娱乐	苏州圆融发展集团有限公司	园区万盛街8号圆融大厦19－20楼
I07	蜗牛科技网络游戏产业化基地	网络游戏技术研发、自主开发	苏州蜗牛数字科技股份有限公司	工业园区金鸡湖路171号
I08	斜塘老街	文化休闲娱乐	苏州工业园区商业旅游发展有限公司	南施街东，斜塘河北
I09	▲苏州文化博览中心	艺术演出、电影放映、展览展销	苏州文化博览中心有限公司	工业园区现代大道南

续表

编号	项目名称	主导产业	建设单位	项目地址
I10	苏州和氏设计营造股份有限公司创意设计基地	装饰、建筑设计	苏州和氏设计营造股份有限公司	新发路北、福泾田港西
I11	草鞋山遗址公园	文化休闲旅游	苏州工业园区阳澄湖半岛开发建设有限公司	园区唯亭镇东北2公里处,北距阳澄湖650米
J01	◆东渚特色工艺美术产业基地	工艺美术品生产、交易	东渚集体资产经营公司	高新区东渚镇
J02	河西旧城改造——大运河明清风光带项目	文化休闲旅游	苏州高新区北部新城城市建设投资发展有限公司	浒墅关开发区金灯街
J03	苏州高新区文化艺术中心	电影放映、艺术培训、艺术演出等	苏州高新区文化体育有限公司	科技城太湖大道绿化地南、浒光运河东侧路东
J04	中国蚕桑丝绸科技文化园	蚕桑教育、科研、展示	苏州大阳山生态旅游开发有限公司	浒墅关开发区大同路19号
J05	大阳山国家森林公园	文化休闲旅游	苏州大阳山生态旅游开发有限公司	大阳山国家森林公园内
J06	苏州汽车文化创意中心	儿童交通安全体验、真人CS、美术馆	苏州新凯汽车服务有限公司	高新区马运路248号
J07	▲苏州科技城文化科技产业园	创意设计、网络数字、动漫游戏	苏州科技城科新文化旅游发展有限公司	高新区科技城
J08	★镇湖苏绣文化产业集群	苏绣制作、展示、交易	镇湖街道	镇湖街道
J09	◆苏州乐园	主题乐园	苏州乐园发展有限公司	高新区金山路87号
K01	苏报集团印刷数字化产业园	数字出版、印刷、发行	苏州日报社	吴中经济开发区南湖路86号
K02	苏州新闻大厦	新媒体中心	苏州日报社	工业园区创苑路以北、星湖街以西
L01	苏州国际影视娱乐城	影视文化娱乐休闲	苏州广电总台	吴中区木渎镇金山路
L02	演艺中心二期	电影放映、艺术演出	苏州广电总台	古城阊门
L03	苏州现代传媒广场	新闻传播、影视制作、新兴媒体等	苏州广电总台	工业园区翠园路南、南施街东、中央河北
M01	苏州文旅广场	文化旅游产品的研发、展示及产业的培育	苏州文旅集团	人民路1430号

注:“★”为国家级文化产业示范园区(基地),“▲”为省级文化产业示范园区(基地),“◆”为市级文化产业示范基地。

2014 年度苏州市美术馆一览表

序号	美术馆名称	性　质	成立时间	地　址
1	苏州美术馆	公办(行业)	1927	苏州市人民路 2075 号
2	颜文樑纪念馆	公办(行业)	1997	苏州市沧浪亭后 4 号
3	吴作人艺术馆	公办(行业)	1997	苏州市凤凰街定慧寺巷 88 号(双塔附近)
4	杭鸣时粉画艺术馆	公办(行业)	2011	苏州市沧浪新城太湖西路 1199 号
5	苏州市文联艺术家展厅	公办(行业)	1963	苏州市人民路 1088 号
6	苏州金鸡湖美术馆	公办(行业)	2012	苏州市园区观枫街 1 号苏州文化艺术中心 2 楼
7	张家港美术馆	公办(行业)	2009	张家港市人民东路 5－4 号市文化中心内
8	常熟美术馆	公办(行业)	2005	常熟市西门大街 117 号
9	太仓美术馆(太仓书画院)	公办(行业)	2012	太仓市城厢镇东昌南路 102 号
10	太仓宋文治艺术馆	公办(行业)	1989	太仓市县府东街 6 号
11	昆山昆仑堂美术馆	公办(行业)	2001	昆山市前进中路 109 号科技文化博览中心三楼
12	昆山侯北人美术馆	公办(行业)	2004	昆山市西街 66 号(琅环公园内)
13	苏州大学艺术学院展厅	公办(行业)	2006	苏州市园区苏州大学艺术学院仁爱路
14	苏州工艺美术职业技术学院美术馆	公办(行业)	2006	苏州市吴中大道国际教育园南区 189 号
15	苏州旅游与财经高等职业技术学校展厅	公办(行业)	2011	苏州市吴中大道国际教育园南区致能大道 101 号
16	苏州市职业大学展厅	公办(行业)	2014	苏州市吴中大道国际教育园
17	苏州雨村美术馆	“民营(工商)”	2008	苏州市新市路 2 号 5 楼
18	苏州市王小慧艺术馆	“民营(市民政)”	2014	苏州市姑苏区大儒巷 54 号
19	苏州市蔡谨士蔡廷辉金石篆刻艺术馆	“民营(市民政)”	2014	苏州市百花洲 99 号 1—2 层
20	苏州市吴门画苑艺术馆	“民营(工商)”	2010	苏州三香路 1216 号西—1 号
21	肯达美术馆	“民营(工商)”	2006	苏州市锦帆路 126 号
22	苏州市吴风雅颂美术馆	“民营(工商)”	1998	苏州市十梓街 29 号 1 幢
23	苏州圆通美术馆	“民营(工商)”	2008	阔家头巷 6 号

续表

序号	美术馆名称	性　质	成立时间	地　址
24	苏州现代陶瓷艺术馆	“民营(市民政)”	2010	苏州市人民路752号
25	苏州汉璞美术馆	“民营(市民政)”	2007	园区李公堤水巷邻里A19－20座
26	苏州市张辛稼美术馆	“民营(市民政)”	2010	园区李公堤三期望湖角5号楼
27	巴塞当代美术馆	“民营（园区民政)”	2011	园区李公堤路1号12幢2－5层展厅
28	苏州画院美术馆	“民营(市民政)”	2009	园区金鸡湖广场南广场E－103单元
29	苏州巴塞当代美术馆	“民营(市民政)”	2011	苏州文化艺术中心
30	苏州高风堂美术馆	“民营(市民政)”	2011	吴中区东吴南路242号
31	张省艺术馆	“民营(工商)”	2010	吴中区角直镇正源路
32	本色美术馆	“民营(吴中区民政)”	2008	吴中区郭巷通达路219号
33	苏州市石湖美术馆	“民营(市民政)”	2014	苏州市吴中经济开发区越溪街道吴中大道1109号2幢113、115室
34	苏州吴中区积玉轩美术馆	“民营(吴中区民政)”	2014	吴中区角直古镇正源路江南文化园
35	苏州市香山里美术馆	“民营(市民政)”	2014	吴中区宝带西路
36	苏州市卢福英刺绣艺术馆	“民营(市民政)”	2014	高新区镇湖绣品街339(－3－4－5)
37	常熟市新峰美术馆	“民营(常熟市民政)”	2013	常熟市海虞镇迎宾路51号

苏州各类博物馆一览表

序号	博物馆名称	性质	地址	邮政编码	建筑面积	展厅面积	联系电话	备注
1	苏州博物馆	文物	苏州市东北街204号	215001			0512－67575666	
2	苏州碑刻博物馆	文物	苏州市人民路613号	215007			0512－65266683	
3	苏州革命博物馆	行业	苏州市三香路1216号	215004			0512－68265945	
4	苏州工艺美术博物馆	行业	苏州市西北街88号	215001			0512－67546710	
5	苏州丝绸博物馆	文物	苏州市人民路2001号	215001			0512－67546221	
6	苏州园林博物馆	行业	苏州市东北街202号	215001			0512－67576110	
7	苏州中医药博物馆	行业	苏州市景德路314号	215003			0512－65225929	
8	苏州刺绣博物馆	行业	苏州市景德路274号	215003			0512－65225756	
9	中国昆曲博物馆	文物	苏州市中张家巷14号	215005			0512－67273741	
10	中国苏州评弹博物馆	文物	苏州市中张家巷3号	215005			0512－67271797	
11	苏州历史货币博物馆	民办	苏州市平江区斑竹巷7－1号	215000			0512－67162617	
12	苏州砖雕博物馆	民办	苏州市肃封里2－1号	215000			0512－65773650	
13	苏州南社纪念馆	民办	苏州市山塘街800号	215008			0512－65508053	
14	苏州东吴博物馆	行业	苏州浒墅关经济开发区鸿禧路20号	215151			0512－66167243	
15	苏州中学西马博物馆	行业	苏州湖东港田路360号	215021			0512－62530387	
16	苏州古丰阁门窗家具民艺博物馆	民办	苏州市城北东路花莲路3号	215031			0512－67221299	
17	苏州基金博物馆	民办	苏州市工业园区李公堤路1号	215021			0512－67903918	
18	苏州苏扇博物馆	民办	苏州市吴中区木渎羡园街79号	215000			0512－67700329	
19	苏州吴中区陆巷社区博物馆	行业	苏州市吴中区东山镇陆巷村	215128			0512－65681858	
20	苏州生肖邮票博物馆	民办	苏州市山塘街东杨安浜2号	215008			0512－68660201	

续表

序号	博物馆名称	性质	地址	邮政编码	建筑面积	展厅面积	联系电话	备注
21	苏州巧生炉博物馆	民办	苏州市相城区万里路268号	215000			0512－65866706	
22	苏州无言斋民俗博物馆	民办	苏州市梅花新村44幢2楼	215000			0512－65208823	
23	太仓市博物馆	文物	太仓市上海东路100号	215400			0512－53541883	
24	太仓市沙溪现代舞蹈艺术馆	民办	太仓市沙溪镇中市街118－120号	215421			0512－53219871	
25	太仓郑和纪念馆	行业	太仓港经济技术开发区南环路1号	215434			0512－53700706	
26	宋文治艺术馆	文物	太仓市县府东街6号	215400			0512－53575930	
27	太仓市朱屺瞻纪念馆	行业	太仓浏河镇郑和南路36号	215431			0512－53611268	
28	太仓维新遗址陈列馆	行业	太仓市双凤镇温州工业园内	215416			0512－53988898	
29	太仓市顺宝斋钟表博物馆	民办	太仓城厢镇南门街21－1号	215400			0512－53522427	
30	吴江博物馆	文物	吴江市松陵镇笠泽路450号	215200			0512－63486091	
31	柳亚子纪念馆	文物	吴江市黎里中心街75号	215212			0512－63666671	
32	常熟博物馆	文物	常熟市北门大街1号	215500			0512－52713063	
33	翁同龢纪念馆	文物	常熟市翁家巷门2号	215500			0512－52786639	
34	常熟美术馆	行业	常熟市西门大街117号	215500			0512－52223202	
35	江南农家民俗馆	民办	常熟市支塘镇蒋巷村	215500			0512－52588705	
36	张家港博物馆	文物	张家港市杨舍镇暨阳西路2号	215600			0512－58688609	
37	苏州城墙博物馆	行业	苏州市相门城墙					

后记

2005 年 9 月 11 日，苏州首届创意策划师培训班顺利开班；2006 年 9 月 13 日，苏州市策划协会正式成立——十年来，苏州的策划创意行业经历了从无到有、从小到大不断发展的成长过程。

2008 年 1 月 27 日，首届策划江南 · 创意天堂“江南十大创意策划师、十大创意策划案例”（“双十”评选）颁奖典礼在苏州市政府 6 号楼隆重举行，此次大会由中国策划研究院、苏州市策划协会主办，苏州市华方传媒文化有限公司承办，苏州城市商报协办，来自苏州、无锡、常州、镇江的创意策划人冒着缤纷大雪，赶来参加会议，中国策划业创始人居易教授领衔并由全国著名策划专家组成的评委会作权威发布，市政府四套班子领导亲临现场为获奖者颁奖，大会获得了圆满成功。“双十”评选至今已连续举办了三届，并已成为苏州创意策划行业的自创品牌，在苏州乃至全国的创意策划界都有广泛的影响和独特的示范意义。

“双十”评选是在苏州市策划协会名誉会长孙中浩及顾问汪长根先生的建议下，在市政府领导的支持下，由苏州市文化广电新闻出版局、苏州市人社局、苏州市科协、苏州市广电总台联合主办的，苏州市文广新局时任局长汤钰林先生对历届“双十”评选自始至终给予了特别的关注与指导，他强调，“双十”评选是促进苏州文化创意产业发展的一个全新举措，是发现、培养和激励苏州文化产业和创意策划人员的重要途径和平台，具体的评选工作应由文广新局文化产业领导小组办公室牵头，以确保评选工作及运作过程的公正性和权威性。因着这样的精神和指导，今年举办的第四届“双十”评选，主办单位已从原来的 4 家增加到了 6 家——苏州市知识产权局和苏州日报社双双加入。这也充分说明，“双十”评选的品牌效应和社会影响正在稳步提升，日益扩大。

苏州是一座历史悠久、闻名中外的园林之城、工艺之城和旅游之城，更是一座创意文化之城。十年来，苏州创意策划行业精英荟萃，人才辈出，敢为人先，成果斐然。为了阶段性地回顾和总结苏州创意策划行业的发展历程，介绍和推广三届“双十”评选的优秀成果，苏州市文化创意产业联合会和苏州市策划协会经过充分酝酿筹备，决定组织编写《创意江南》一书，以汇集 2008 年以来苏州市创意策划行业的经典案例和精英人物，梳理苏州市创意策划行业的发展路径，为中国创意策划业的专业交流和社会推广开辟一个窗口，建立一条纽带，提供一个平台。

经过一年多的资料征集和撰写编辑,《创意江南》一书得以顺利付梓。在苏州市策划协会成立十周年之际,在中国·苏州第四届文化创意设计产业交易博览会开幕之际,我们为有这样一份进献之礼,深感荣幸,倍感欣慰!

《创意江南》得以顺利出版,首先要感谢苏州市文广新局和文创联领导一以贯之的大力支持和热情指导,感谢编委会的领导有方和各位成员的呵护关注,感谢苏州市创意策划界各相关单位和人士的无私奉献和鼎力相助,更感谢中国策划研究院长期以来对苏州市策划协会的支持。本书负责资料征集和整理编辑事务的每位同仁,日以继夜地工作,东奔西跑地联系,不辞劳苦,任劳任怨,请允许我在此向他们表示衷心的感谢!同时,还要感谢苏州大学出版社编辑刘海女士,她为本书的出版劳心劳力,给予了大力的支持。另外,还要特别感谢著名广告创意策划人汤生先生为本书所作的精彩的装帧设计。对本书编辑出版过程曾给予方方面面帮助和支持的各位同事、朋友以及他们的家人,在此也一并表示我诚挚的谢意!

由于本书所涉内容时间跨度长达十年,且项目分布区域广泛,人事变动频繁,又是苏州市创意策划界的第一本探索尝试之作,疏漏不当乃至错误之处必有所在,在此惶惶敬请各位多多包涵,多多原谅,并望随时指正,不吝赐教!

李　芳

2015 年 3 月 26 日